JN021531

「いいね」で売上をいっきに倍増させる最新活用術！

SNS マーケティング
見るだけノート

坂本 翔　監修

宝島社

「いいね」で売上をいっきに倍増させる最新活用術！

SNS マーケティング
見るだけノート

坂本 翔　監修

宝島社

はじめに

SNSマーケティングは、集客や売上の向上、採用などを目的に行われることが多くあります。

その本質は、「ターゲットとしているユーザーの中でニーズが発生した時に、一番に思い浮かぶ企業や商品や人が選ばれる」ということです。SNSマーケティングでは、これをSNSという世界で実現していく訳ですが、これはテレビや新聞の時代から変わりません。

たとえばテレビでは、キャッチーな音楽に乗せたコマーシャルや一流の俳優がドラマの中で使う衣装や小道具などで、企業は自社の商品の存在を知ってもらう活動をしていました。

なぜ莫大な費用をかけてそこまでやるのかというと、そのメディアを閲覧するユーザーに対して、自社の商品の存在を刷り込むためです。

それを刷り込まれたユーザーは、「そういえば洗剤を買わないといけない」「そろそろ冬物のコートが欲しい」というニーズが発生した時に、「最近あの洗剤よく見るから買ってみよう」「あのドラマであの女優さんが着ていたコート可愛かったな」と思い出してもらうことで、購入に至る（売上につながる）のです。

今は、数千万円や数億円かけてテレビや新聞を巻き込んだ大型のプロモーションをしなくても、同じような効果を得られるようになりました。

それはなぜか。
SNSの時代になったからです。

SNSはやり方次第では、少ない予算でこれらを実現できる可能性を秘めています。

実際に、2020年3月の電通の発表によると、2019年の日本の広告費において、SNSを含むインターネット広告費が、初めてテレビメディア広告費を超えました。

本書では、ひとつのSNSに特化することなく、「そもそもマーケティングとは」という話から、SNS全般について解説しています。

「FacebookやInstagramについてより深く知りたい」という方は、拙著『Facebookを「最強の営業ツール」に変える本』『Instagramでビジネスを変える最強の思考法』（全て技術評論社）もあわせて読んでいただけると、より深くSNSマーケティングの考え方が身につくかと思います。

また、SNSは気軽に片手間で運用してしまいがちですが、本書でお伝えしているような事前準備をしっかり行ってから運用を開始し、そこから成果につなげるために、分析を行い、きちんと改善をしていかなければなりません。
弊社では、「Reposta（レポスタ）」という分析ツールも提供しており、無料からお使いいただけますので、ぜひこのような分析ツールも導入し、しっかりと運用体制を構築してSNS運用に挑んでください。

本書を読んで実践したSNSマーケティングの成果や感想などは、ぜひ投稿に「#見るだけノート」をつけて共有していただければと思います。

本書を通して、皆さんのSNS運用を一歩でも前に進めることができれば幸いです。

株式会社ROC
代表取締役CEO 坂本 翔

Chapter 1
マーケティングの 基礎知識

column01
覚えておきたい
SNS マーケティング用語集　その①
………… 34

Chapter 2
SNSマーケティング のキホン

Chapter 3
覚えておくべき
SNSマーケティング
戦略

Chapter 4
フォロワーの意味と
コミュニケーションの
キホンルール

Chapter 5
ユーザーに好かれてシェアされるコンテンツの条件

Chapter 8
SNS 運用の
超キホン

Chapter 1

マーケティングの
基礎知識

まずは、マーケティングの基本的な知識を学びましょう。マーケティングの歴史やそもそもの意味、分析のフレームワークなどをきちんと意識しておかなければ、そこから現代に派生したSNSマーケティングを理解することはできません。

| Twitter | Instagram | Facebook | TikTok | YouTube | LINE | Pinterest |

01 そもそもマーケティングって何？

マーケティングは商品を顧客に売るために行うものですが、販売活動とは明確な違いがあります。マーケティングでは顧客を理解することこそが重要なのです。

マーケティングは製品やサービスを顧客に届けるために行うものですが、販売活動とは異なります。販売活動は商品を中心に考え、マーケティングは顧客を中心に考えるという違いがあるのです。「自分たちが売りたい商品」から始まる販売活動に対して、「顧客が何を求めているか」から始まるのがマーケティング。消費者のニーズを知るために情報を収集して、それに合った製品やサービスを開発して顧客に提供する活動が基本なのです。このように、販売活動の対象は商品であり、マーケティングの対象は消費者になります。

販売はマーケティングのごく一部

開発
市場を分析したうえで、ライバル商品との差別化を図り、消費者に選んでもらえる商品を生み出す。

子どもがよろこぶように、こんな商品はどうかな

どんな商品が売れるかな？

分析
今の流行と次のトレンドをいち早く察知し、消費者の消費傾向を推測する。

企業

「販売することがマーケティング」ととらえられがちだが、実際は市場分析、商品開発、広告PR、営業、などさまざまな過程がある。

販売
直接、または小売店など仲介業者を経て、消費者のもとに商品を届ける。商品のPRもマーケティングの重要な一要素。

さまざまなマーケティング理論を構築して、“マーケティングの神様”とまで呼ばれているのが、アメリカの経営学者**フィリップ・コトラー**です。コトラーはマーケティングを「製品および価値の創造と交換を通じて、**ニーズ**や**ウォンツ**（特定のものを欲しいと思う欲望のこと）を満たすプロセス」と定義しています。マネジメントで知られる経営学者**ピーター・ドラッカー**も、マーケティングの重要性に関する言葉を残しています。ドラッカーは「顧客について十分に理解し、顧客に合った製品やサービスが自然に売れるようにすることこそが、マーケティングの目的」と考えました。コトラーとドラッカーの言葉からは、マネジメントにおいて顧客をしっかりと理解することの重要性が伝わってきます。

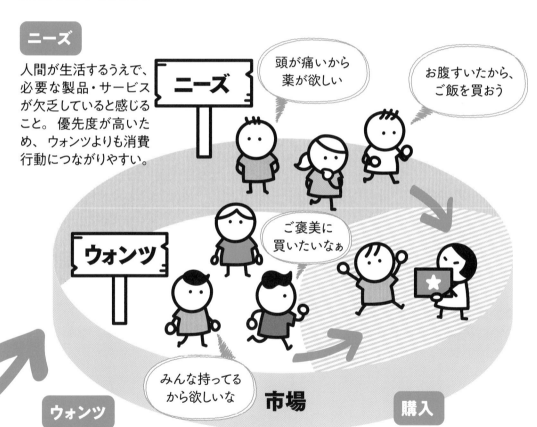

ニーズ

人間が生活するうえで、必要な製品・サービスが欠乏していると感じること。優先度が高いため、ウォンツよりも消費行動につながりやすい。

頭が痛いから薬が欲しい

お腹すいたから、ご飯を買おう

ご褒美に買いたいなぁ

みんな持ってるから欲しいな

市場

ウォンツ

特定のものが欲しいという欲望。流行に左右される場合があり、消費者行動の推測がヒット商品の誕生をもたらすこともある。

購入

あらゆる要素から消費者がその商品の購買を決定すると、消費行動につながる。

人々のニーズやウォンツを分析して、開発して提供する…
その一連のシステム全てが「マーケティング」に含まれる！

02 マーケティングの歴史

マーケティング理論は 19 世紀後半のアメリカで誕生しました。全米に市場が広がり、ビジネスのための新しい方法論が必要となってマーケティングが生まれたのです。

マーケティングはこうして生まれた！

17 世紀までの モノの流通

地産地消が前提であり、遠くのモノ・情報を手に入れることは容易ではなかった。

市場が一気に拡大したことで、多くの人を顧客としてとらえたビジネス戦略が必要になったのだ！

鉄道の発達

鉄道の発達により、大量の製品を遠くに届けることが可能に。アメリカ全土に市場の規模が拡大した。

電話の発達

鉄道の発達だけでなく、電話などの通信網の発達もマーケティングを生み出した要素。生産・販売・輸送、あらゆる面で市場がアメリカ全土に広がった。

マーケティングが生まれたのは、19世紀後半頃のアメリカと言われています。当時のアメリカでは、産業が飛躍的な発展を見せました。その発展を支えたのは、鉄道や蒸気船などによる交通網の発展と、トーマス・エジソンやグラハム・ベルの発明・開発による電気・通信の分野の発展です。交通網と通信網が充実したことで、それまでの時代と違ってアメリカの広大な全土がビジネスのための市場となったのです。市場で商品を売るための新しい戦略が必要とされるようになり、マーケティングが生み出されたのでした。

マーケティング論のパイオニアとして知られているのが、**A.W. ショー**と**R.S. バトラー**です。ショーは1876年生まれのアメリカの起業家にして研究家で、マーケティング論を確立した人物と評されています。ショーはマーケティングを考えるうえで、科学的方法を使うことの重要性を強調しました。勘や経験に頼るのではなく、科学的な研究をもとに判断するべきと主張したのです。R.S. バトラーは1882年生まれの学者であり、ショーと同時代の人物です。バトラーはニューヨーク大学経営学部で教授を務めていますが、同時に食品メーカーなどの企業で商業調査部長、広告部長を務めた経歴を持ちます。販売や広告に精通していたバトラーは、自身の実務の経験を通して体系的なマーケティングの理論を構築しました。

**18世紀以降の
モノの流通**

産業革命を経て、大量のモノが速く・遠くに届けられるようになった。

R.S. バトラー

A.W. ショーと同様に、市場の研究の価値を高めたキーパーソン。19世紀末から20世紀初頭のアメリカにおけるマーケティング実践を理論化した。

商品そのものの
研究だけでは、需要を
生み出せない

需要を生み出す
には市場分析が
必要不可欠

A.W. ショー

企業的マーケティング論の創設者。1912年に発表した論文「市場流通における若干の問題」で、市場等高線の概念を提示し、市場分析の重要性を説いた。

03 マーケティングをする意味とは？

Twitter Instagram Facebook TikTok YouTube LINE Pinterest

商品を売るために企業が行う活動の背景には「売りたい気持ち」がありますが、それを見透かされると、消費者が商品を敬遠してしまう危険性があります。

商品を消費者に届けるために行うのがマーケティングです。P12で「マーケティングの対象は消費者」と解説しましたが、ここで大事なのは、消費者の中に「**買いたい気持ち**」を作り上げることです。商品を販売する際に、商品を売る側の中に「**売りたい気持ち**」があるのは当然のことですが、ここでは消費者の中の「買いたい気持ち」こそを優先させないといけません。SNSが普及した現代では、売る側の「売りたい気持ち」などの思惑はすぐに見透かされて、消費者から商品や企業が敬遠される原因となってしまいます。

企業の売りたい気持ちを優先してしまうと…

売りたい欲が強いと、消費者の購入意欲を促進できない。IT化で、商品比較や口コミなどの情報収集が容易になったため、企業の狙いがダイレクトに伝わる商品は消費者に選ばれなくなった。

売りたい…!

企業A

消費者たち

時代に合ったマーケティングができていない！
ユーザーに選ばれるためには、
マーケティングをアップデートする必要がある

マーケティングが消費者の「買いたい気持ち」を作るためのものだとすると、その気持ちは一時的なものであってはいけません。商品が売れ続けないと企業は存続できませんから、企業は消費者の「買いたい気持ち」を作り続けないといけないのです。「買いたい気持ち」を持続させるマーケティングのために行うのは、市場調査や広告宣伝だけでは十分ではありません。営業、商品開発、パッケージのデザイン、プロモーション、販売促進、売り場作りなどなど、商品が作られて消費者に届くまでの全ての過程がマーケティングに関わってくると言っても過言ではありません。どの過程でも、企業側の「売りたい気持ち」ではなく、消費者側の「買いたい気持ち」を意識するべきでしょう。

消費者の気持ちに寄り添うと…

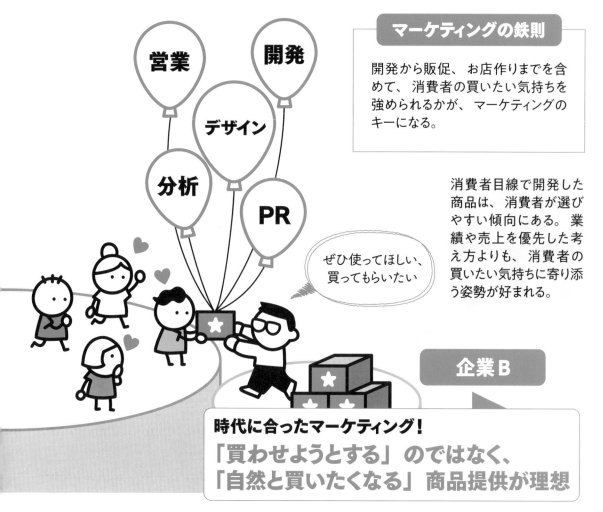

営業　開発　デザイン　分析　PR

ぜひ使ってほしい、買ってもらいたい

マーケティングの鉄則

開発から販促、お店作りまでを含めて、消費者の買いたい気持ちを強められるかが、マーケティングのキーになる。

消費者目線で開発した商品は、消費者が選びやすい傾向にある。業績や売上を優先した考え方よりも、消費者の買いたい気持ちに寄り添う姿勢が好まれる。

企業B

時代に合ったマーケティング！
「買わせようとする」のではなく、
「自然と買いたくなる」商品提供が理想

04 | 誰のために マーケティングをするのか？

`Twitter` `Instagram` `Facebook` `TikTok` `YouTube` `LINE` `Pinterest`

消費者に向けて行うマーケティングですが、その対象は時代とともに変化しています。ここで参考になるのが、マーケティング 1.0 ~ 4.0 という概念です。

ここまでのページでも紹介したとおり、マーケティングは消費者を対象に行って、消費者の中に「買いたい気持ち」を作り上げるものです。ですが、消費者と一口に言っても、その範囲は非常に広く、対象を絞るのは難しそうです。ここで参考になるのが、"マーケティングの神様"フィリップ・コトラーが提唱している「**マーケティング 1.0 ~ 4.0**」という概念です。コトラーによると、マーケティング 1.0 から 2.0、3.0、4.0 へと発展する中で、マーケティングの内容や対象は変化しているのだそうです。

マーケティング 1.0 から 4.0 まで

こちら、よく眠れる枕です

お客様にはこちらがオススメです

こういう商品が欲しかった～

マーケティング 1.0

マーケティング 2.0

対象はマス市場（一般大衆）。製品を中心に、安くて高品質の製品を提供するマーケティング。テレビ・ネットなどのマスメディアで広告宣伝を行う。

対象を個々の消費者に狭め、より顧客の心をつかもうとするマーケティング。双方向のコミュニケーションで、消費者の購買を達成しようとする。

マーケティング1.0で対象となるのは、不特定多数の一般大衆です。ターゲットが幅広いので、テレビなどのマスメディアで広告宣伝を行います。次のマーケティング2.0では、対象となる消費者は細かく絞り込まれます。顧客志向で消費者目線のマーケティングが行われます。さらに発展したマーケティング3.0では、社会貢献なども関わってきます。たとえば、社会問題に敏感な消費者に「この商品を購入すると貧困国の問題の解決に役立つ」「この商品を買うと環境問題に貢献できる」などとアピールするのです。マーケティング4.0は3.0の先を行くもので、消費者の「こういう自分になりたい」という自己実現の欲求に訴えかけています。消費者の自己実現に役立つ商品が求められる時代が来ているのです。

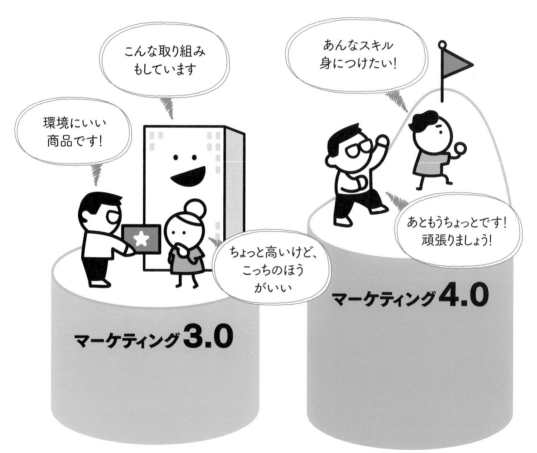

製品やサービスに機能的・感情的充足だけでなく、社会貢献などの精神的充足を求める消費者に向けて働きかける。

IT社会の中で、自己実現欲求の高い顧客に訴えかけるマーケティング。消費者自身が目指す理想像を叶えるもので、2014年に新たに提唱された。

05

Twitter | Instagram | Facebook | TikTok | YouTube | LINE | Pinterest

マーケティングの
4P と 4C とは？

さまざまな要素が絡み合うマーケティングを考えるうえで役立つのが、「4P」や「4C」です。これらを組み合わせると、マーケティングの戦略が立てやすくなります。

P17でも触れたとおり、マーケティングは企業活動のさまざまな分野に関連します。そのため、マーケティングの全てを見渡すことは非常に難しいと言えます。そんな時に役立つのが、マーケティングの「**4P**」です。4Pとはマーケティングにおける4つの要素のことで、具体的には製品（Product。何を売るか）、価格（Price。いくらで売るか）、流通（Place。どこで売るか）、プロモーション（Promotion。どうやって周知させるか）のことです。4Pを意識すれば、マーケティングの全体像を把握できます。

マーケティング・ミックスの4つの要素

会社の利益につながる製品の要素
製品バラエティー、品質、デザイン、特徴、ブランド名、パッケージ、サイズ、サービス保証、返品など。

市場で販売する際の価格
標準価格、値引き、支払い期限など。

ターゲット層へ商品を認知させる方法
販売促進、宣伝、広告、広報活動など。

流通経路と販売する場所
流通チャンネル、流通範囲、立地、在庫、輸送など。

4Pは、アメリカのマーケティング学者の**ジェローム・マッカーシー**が提唱したものです。この4Pを組み合わせて展開するマーケティングの手法を、「**マーケティング・ミックス**」と呼びます。4Pを使うとマーケティングが理解しやすくなりますが、4Pは売り手側の視点に立ったものです。マーケティングは「顧客が何を求めているか」を把握することから始まるものですので、売り手ではなく買い手の視点に立ったほうが望ましいという意見もあります。買い手側の視点に立つ場合には、4Pの代わりに「**4C**」を利用しましょう。4Cは4Pと対になる概念で、具体的には消費者の需要（Consumer）、顧客コスト（Customer Cost）、コミュニケーション（Communication）、利便性（Convenience）のことです。

消費者目線バージョンの4Cも

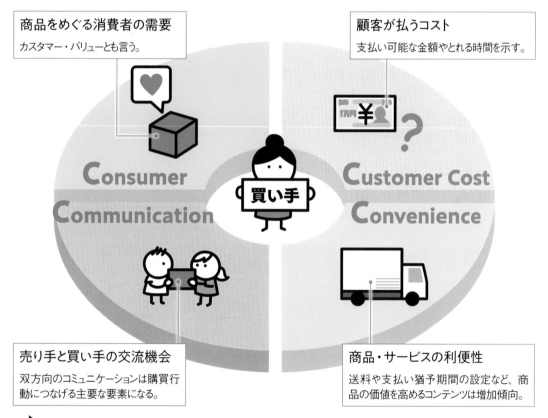

商品をめぐる消費者の需要
カスタマー・バリューとも言う。

顧客が払うコスト
支払い可能な金額やとれる時間を示す。

Consumer
Communication

買い手

Customer Cost
Convenience

売り手と買い手の交流機会
双方向のコミュニケーションは購買行動につなげる主要な要素になる。

商品・サービスの利便性
送料や支払い猶予期間の設定など、商品の価値を高めるコンテンツは増加傾向。

➡ **売り手と買い手、どちらの立場も考慮した**

4C（商品Commodity、コストCost、流通経路Channel、コミュニケーションCommunication）も大事！

06 マーケティングにおける 5つのステップ

Twitter | Instagram | Facebook | TikTok | YouTube | LINE | Pinterest

マーケティング戦略では、誰にどのように売るかなどを明確にしておく必要があります。そのためには、5つのステップをしっかりと踏むようにしましょう。

マーケティング戦略においては、「誰に、何を、どこで、いくらで、どのように売るのか」を明確にしておかないといけません。この5つの要素を決定するためのプロセスが、"マーケティングの神様"フィリップ・コトラーが提唱した「**マーケティング・マネジメント・プロセス**」です。このプロセスには、リサーチ、ターゲットの特定、マーケティング・ミックス、マーケティング戦略の目標設定と実施、モニタリング管理という5つのステップがあります。この5つのステップを決定することを、**マーケティング戦略策定**と呼びます。

現状把握に必須のフレームワーク

ターゲットの特定

ターゲットとなる顧客像を絞り込む。STPとはセグメンテーション、ターゲティング、ポジショニングの頭文字である。

リサーチ

市場の調査と環境の分析を行う。PEST分析、SWOT分析、3C分析など。

R
(Research)

STP
(Segmentation
Targeting
Positioning)

ひとつ目のステップのリサーチでは、事業を取り巻く状況を分析します。ここでは P25 で紹介する 3C 分析、P26 で紹介する PEST 分析、P29 で紹介する SWOT 分析などが活用できます。2 つ目のステップのターゲットの特定では、商品を届ける顧客を絞り込みます。ここでは STP 分析（市場を細分化して、自社のポジションを理解し、販売する対象を絞り込む手法）(P71 参照) などが使えます。3 つ目のステップのマーケティング・ミックスでは、P20 で紹介した 4P を使って消費者にアプローチする方法を考えます。4 つ目のステップのマーケティング戦略の目標設定と実施では、目標となる数値を決めます。5 つ目のステップのモニタリング管理では、実際に行ったマーケティングの効果を調べ、戦略の見直しも行います。

未来戦略には正しい分析が必要

マーケティング・ミックス
商品・価格・流通・販促の4Pの視点に基づいて、顧客へのアプローチ法を考える。

マーケティング戦略の目標設定と実施
数値目標を設定したうえで、実際の市場でマーケティング戦略を実施する。

モニタリング管理
マーケティング戦略の効果を測定し、適宜戦略の修正を行う。

MM
(Markting Mix)

I
(Implementation)

C
(Control)

07

Twitter | Instagram | Facebook | TikTok | YouTube | LINE | Pinterest

3つの視点から
自社を分析する

自社のビジネス環境を客観的に分析する際に活用できるのが、3C分析と呼ばれる手法です。市場・顧客、競合会社、自社を分析すると、自社の現状が見えてきます。

3C分析の3つの視点

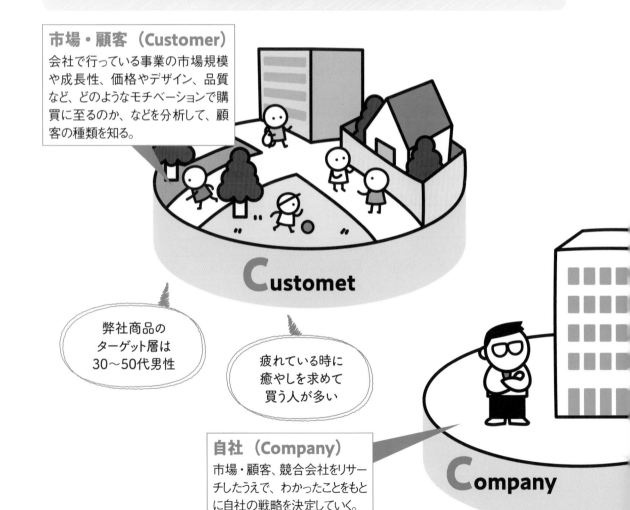

市場・顧客（Customer）
会社で行っている事業の市場規模や成長性、価格やデザイン、品質など、どのようなモチベーションで購買に至るのか、などを分析して、顧客の種類を知る。

Customet

弊社商品の
ターゲット層は
30〜50代男性

疲れている時に
癒やしを求めて
買う人が多い

自社（Company）
市場・顧客、競合会社をリサーチしたうえで、わかったことをもとに自社の戦略を決定していく。

Company

マーケティングの戦略を立てるうえで、市場や消費者について知ることも重要ですが、自社の現状も客観的に分析しないといけません。自社の強みと弱みを把握できていれば、適切なマーケティングを行うことができます。自社を分析する際に使えるのが、**3C分析**という手法です。3Cとは、市場・顧客（Customer）、競合会社（Competitor）、自社（Company）という3つの要素です。市場・顧客、競合会社、自社の切り口から、ビジネス環境を分析するのが、3C分析です。この手法を使えば、自社の現状を把握できます。

3C分析では、市場・顧客→競合会社→自社という順番で分析を行います。市場・顧客では、市場規模、市場の成長性、買うことを決定させる要因などを分析して、自社の商品の顧客がどういう層なのかを把握します。次の競合会社では、その事業における競合他社の数、他社の業績、他社の強み・弱み、その事業を新規で始める際の参入障壁の高さ・低さなどを分析します。最後の自社では、市場・顧客、競合会社の現状を踏まえたうえで、自社の現在の業績、戦略、経済資源、強み・弱みなどを分析します。市場・顧客や競合会社の状況によっては、成功要因なども変化することでしょう。市場で成功するための戦略も変化してきますが、3C分析によって自社のマーケティング戦略が適切なのかどうかも判断できます。

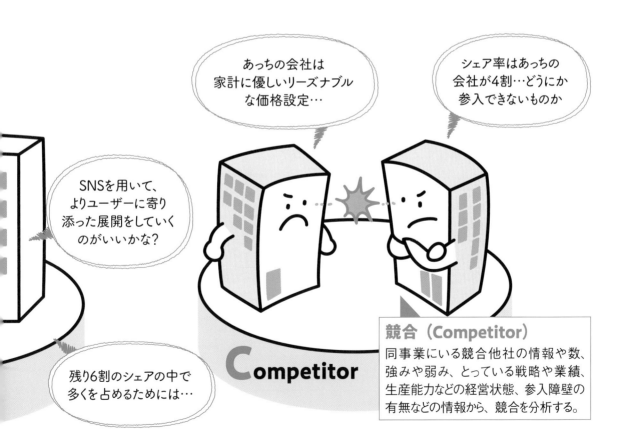

競合（Competitor）
同事業にいる競合他社の情報や数、強みや弱み、とっている戦略や業績、生産能力などの経営状態、参入障壁の有無などの情報から、競合を分析する。

08 社会の変化から未来を分析する

Twitter | Instagram | Facebook | TikTok | YouTube | LINE | Pinterest

国の政策などの外部環境も会社に大きな影響を与えます。社会の変化を予測して、それらが会社にどういった影響を与えるかを予測すると対処すべきポイントがわかります。

会社の経営状況は、社会の変化により大きな影響を受けます。社会の変化は、自社ではコントロールすることができませんが、社会の状況を分析して、自社が今後どのような影響を受けるかを予測し、戦略を導き出すことは可能です。そのための手法が、**PEST 分析**です。PEST は、Politics（政治）、Economy（経済）、Society（社会）、Technology（技術）の頭文字をとったものです。この 4 つの切り口によって、会社や事業を取り巻くマクロ環境（外部環境）を分析します。なお、Ecology（環境）を加えて、**PESTE** とすることもあります。

現状把握に大切な考え方の枠

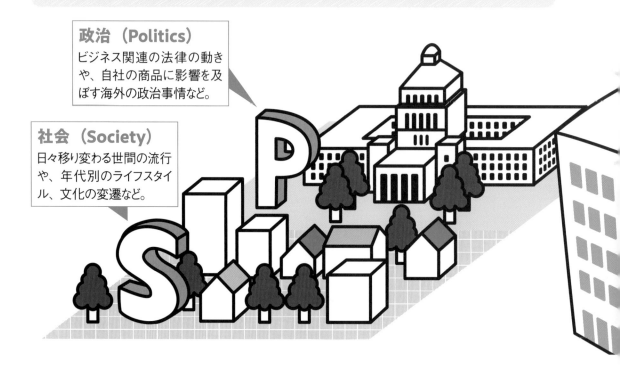

政治（Politics）
ビジネス関連の法律の動きや、自社の商品に影響を及ぼす海外の政治事情など。

社会（Society）
日々移り変わる世間の流行や、年代別のライフスタイル、文化の変遷など。

政治では、政策、法律、規制と緩和、国内外の政治動向などを分析します。経済では、景気の動向、物価の変動、GDP（国内総生産）成長率、金利、失業率、平均所得水準などを分析します。社会では、人口動態（1年を通じての出生、死亡、死産、婚姻、離婚を集計したもの）、ライフスタイルや文化の変遷、教育、世論、流行などを分析します。技術では、新技術の開発、技術に対する投資動向などを分析します。これらの分析は、マクロ環境が自社に与える影響を予測するものですので、自社に影響を与えるものを取り上げます。たとえば政治においては、重要な法律であっても自社のビジネスに関連しないものであれば、分析する必要はありません。また、現状だけでなく、3〜5年先まで予測する必要があります。

one point

PESTEの要素をひとつひとつ「インパクト」「不確実性」の2つの観点から分析して、マップ上のどこにあてはまるか考えていく。マップを作ることで、今すぐ対処すべきもの、長期的に対処すべきものが見えてくる。

リスク評価マップ

インパクト・影響大

P　E

不確実性小　　T　E　　不確実性大

S

インパクト・影響小

技術（Technology）

ビジネスに影響を与える革新的な技術の開発や進歩、投資の動向など。

経済（Economy）

世の中の景気・物価の上がり下がりや、国内外のGDP、為替や金利の変動など。

Twitter | Instagram | Facebook | TikTok | YouTube | LINE | Pinterest

09 フレームワークで戦略を分析する

市場や組織の分析で活用できるツールが、フレームワークです。その一種、SWOT分析を行えば、会社の現状を明確に把握することができます。

クロスSWOT分析とは？

SWOT分析で導き出した4つの要因を、それぞれ掛け合わせて戦略を練るのがクロスSWOT分析。

内部要因のひとつ。
自社における強みについて。
例：地元に愛されている

外部要因のひとつ。
自社の事業を取り巻く機会について。
例：引っ越してくる若い夫婦が増えた

内部要因

Strength（強み）

外部要因

Opportunity（機会）

O×S（機会×強み）

若いファミリーも気軽に入れるようにチラシを配布しよう

事業機会に対して、自社の強みを活かすには？

Threat（脅威）

T×S（脅威×強み）

あえて少し高い料理でプレミアム感を狙おう

脅威を自社の強みでチャンスに変えるには？

外部要因のひとつ。
自社の事業を脅かすリスクについて。
例：食材が値上がりした

物事を分析する際に有効なのが、「**フレームワーク**」と呼ばれるツールです。マーケティング戦略を考えるうえでも用いられるもので、日本語に訳すと「枠組み」「構造」といった意味になります。フレームワークには、特定の枠組みに沿って考えることで課題が明確に見えてきて、ロジカルに思考できるというメリットがあります。これまでのページで紹介した4P、3C分析、PEST分析もフレームワークです。ここで紹介する「**SWOT分析**」も、会社の現状を整理して把握するうえで、非常に有効なフレームワークと言えます。

このSWOTとは、強み（Strength）、弱み（Weakness）、機会（Opportunity）、脅威（Threat）という4つの要因のことです。この中で強みと弱みは会社の内部要因であり、機会と脅威は会社の外部要因に当たります。これらの要因をそれぞれ書き出すことで、会社の現状を把握することができるのです。現状がわかれば、次は「**クロスSWOT分析**」で自社がとる戦略を検討できます。クロスSWOT分析では、内部要因の強み・弱みと外部要因の機会と脅威をそれぞれ掛け合わせます。たとえば、機会×強みでは、どのような形で自社の強みを活かして、チャンスをつかみ事業を発展させるかを検討します。機会×弱みでは、弱みが原因で機会損失が起きないようにするための戦略を検討します。

内部要因のひとつ。
自社における弱みについて。
例：新規顧客が少ない

Weakness（弱み）

O×W（機会×弱み）

ファミリー層呼び込みのためキッズメニューを拡充しよう

自社の弱みがもたらす機会損失を回避するためには？

T×W（機会×弱み）

若い人が見ているInstagramで新規顧客を呼び込もう

脅威と弱みが複合的にもたらす損失を回避するには？

10

`Twitter` `Instagram` `Facebook` `TikTok` `YouTube` `LINE` `Pinterest`

競合との比較で
自社の付加価値を知る

商品が消費者に届くまでのプロセスを細かく分けて分析するフレームワークがバリューチェーンです。これにより自社の強みと弱みが明確に把握できます。

バリューチェーンの「主活動」

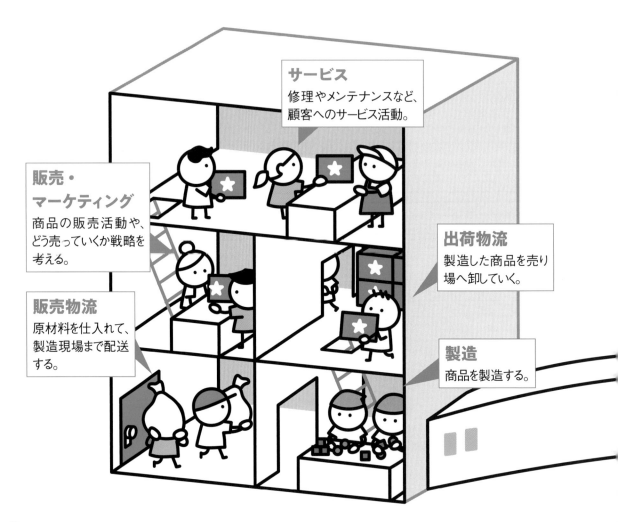

サービス
修理やメンテナンスなど、顧客へのサービス活動。

販売・マーケティング
商品の販売活動や、どう売っていくか戦略を考える。

出荷物流
製造した商品を売り場へ卸していく。

販売物流
原材料を仕入れて、製造現場まで配送する。

製造
商品を製造する。

フレームワークの一種として、「**バリューチェーン**」というものがあります。バリューチェーンはアメリカの経営学者**マイケル・ポーター**が提唱した概念で、日本語に訳すと「価値連鎖」になります。会社の商品が顧客に届くまでのプロセスを機能ごとに分類して、どの機能で付加価値が生まれているかを把握するフレームワークがバリューチェーンです。たとえば、小売業であれば、商品企画、仕入れ、店舗運営、集客、販売、サービスといった形で機能を分類します。この中で付加価値を生み出しているのがどの部分なのかを分析するのです。

バリューチェーン分析では、会社の事業活動を「主活動」と「支援活動」に分けます。主活動は実際に商品が消費者に届くまでの過程に直接関係がある企業活動で、製造、物流、販売・マーケティング、サービスなどを指します。支援活動は人事・労務管理、全般管理、調達、研究開発などを指し、バックオフィスや間接部門に当たるものとなります。支援活動は主活動と結びついて、バリューチェーン全体を支援しているという特徴もあります。こういったバリューチェーンを分析することで、自社の強みと弱みが具体的に把握できます。競合他社に対して分析を行えば、ライバルの強みと弱みもわかり、どの部分において自社が他社より強いのか、もしくは弱いのかがわかります。競合他社が深く理解できるので、他社に対応した戦略も立てられます。

バリューチェーンの「支援活動」

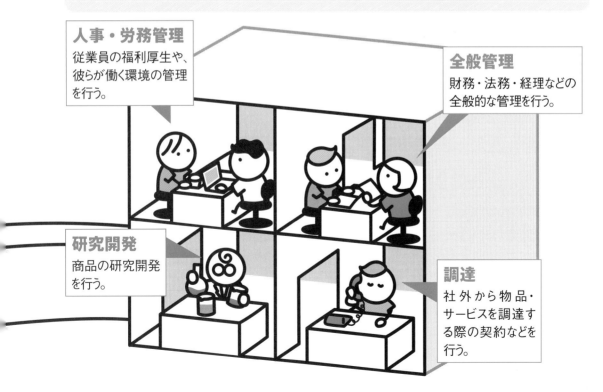

人事・労務管理
従業員の福利厚生や、彼らが働く環境の管理を行う。

全般管理
財務・法務・経理などの全般的な管理を行う。

研究開発
商品の研究開発を行う。

調達
社外から物品・サービスを調達する際の契約などを行う。

11 デザイン思考で進む 新しい時代のマーケティング

Twitter Instagram Facebook TikTok YouTube LINE Pinterest

マーケティングは消費者のニーズに応えるために行うものですが、消費者の顕在化していないニーズを掘り起こすこともできます。

マーケティングは消費者の「買いたい気持ち」を作り出すものなので、場合によっては消費者にとっての新しいニーズを生み出すことも必要となります。そのための手法としては、「**デザイン思考**」が利用できます。デザイン思考は Apple や Google などの最先端の企業でも採用されている思考法で、製品やサービスを創造するうえで活用できるのです。デザイン思考のプロセスは、5つのステップに分けられます。ステップ1は共感という段階です。消費者の行動を観察したり、インタビューやアンケートなどを行い、消費者の問題を見つけます。

デザイン思考の5つのステップ

STEP 1 共感

ユーザーの思考を理解し、ニーズを探る。ユーザーの言葉を鵜呑みにするのではなく、形になっていない思いさえも想像する。

STEP 2 問題定義

STEP 1で判明したニーズを掘り起こし、そもそもの本質的な問題を定義する。

なるほど

ステップ2は問題定義です。消費者が抱えている「○○がしたい」「▲▲を解決したい」といった問題を、このステップで設定します。こうした問題（ニーズ）は、消費者自身が気付いていないことも多いのです。ステップ3はアイデア創出です。ステップ2で設定した問題を解決するためのアイデアを出します。多様なアイデアを出すために、複数のメンバーで意見を出し合う**ブレインストーミング**（P35参照）も有効です。ステップ4は試作です。ステップ3で出たアイデアを実際に形にする段階です。ステップ5は検証です。ステップ4で作った試作品を実際にユーザーに使ってもらいます。このユーザーテストを繰り返して、問題が出た場合には改善します。この5つのステップで、消費者の新しいニーズに応える商品が生まれるのです。

未来戦略には正しい分析が必要

one point

デザイン思考ではさまざまな意見を取り入れて可能性を探ることが大事。意見を否定せずにアイデアをどんどん出していくことで、意見がさらに拡張され、今までなかった視点や発想が生まれる。

STEP 3 アイデア創出

STEP2で定義された問題に対して、各々が具体的なアイデアを出す。ブレインストーミングなどの方法が一般的。

STEP 4 試作

STEP 3で概念化したものがきちんと働くか試作品を作ってみる。試作品により、アイデア段階では見えなかった課題も浮き彫りに。

STEP 5 検証

STEP 4で試作したものを市場にリリースして、ユーザーの意見をもらい検証を繰り返す。

覚えておきたい

SNS マーケティング 用語集 その①

☑ KEY WORD

マーケティング 1.0 〜 4.0　　　P18

マーケティングが進化してきた段階を示す概念。1.0 では不特定多数の一般大衆が対象だったが、2.0 ではターゲットは絞り込まれ、消費者目線のマーケティングが行われる。3.0 では社会貢献の要素がマーケティングに加わり、4.0 では消費者の自己実現の欲求に訴求する。

☑ KEY WORD

マーケティング・ミックス　　　P21

「製品」「価格」「流通」「プロモーション」という 4P と呼ばれる 4 要素で、マーケティング戦略を具体的なものにすること。たとえば、「コーヒー」を「1杯 2000 円」で「都市のカフェ」で売るために「高級感のある雑誌に広告を掲載」といった形で、戦略を立てる。

3C分析 P25

「市場・顧客（Customer）」「競合会社（Competitor）」「自社（Company）」という3つの視点を分析することで、会社を取り巻くビジネス環境がどういうものなのか明らかにする分析手法。事業計画、マーケティング戦略を決定する際などに活用される。

フレームワーク P29

効率的かつ論理的に思考したり、発想したりするための枠組み。フレームワークに沿って考えることは、問題を解決し、アイデアを生み出すのに役立つ。代表的なフレームワークとしては、本書でも紹介した3C分析、SWOT分析、バリューチェーンなどがある。

バリューチェーン P31

会社の事業のスタートからゴールまでの全体の過程の中で、どこに強みと弱みがあるのかを把握するための分析手法。会社の事業活動を「製造」「出荷物流」「販売・マーケティング」などと機能ごとに分類して、どこの部分で付加価値が生み出されているのかを明らかにする。

ブレインストーミング P33

複数ある数人のチーム内で、ひとつのテーマについてお互いにたくさんのアイデアを出し合い、問題の解決に結び付けるアイデア創出法のこと。固定観念にとらわれないために、「出た意見を否定しない」「ユニークなアイデアを歓迎する」「アイデアの質より量を重視する」などの態勢を大切にする。

Chapter 2

SNS marketing
mirudake note

SNS マーケティングの キホン

スマートフォンの普及とともにどんどん重要性が増している SNS マーケティングのキホンを知りましょう。 そもそも従来のマーケティングと何が違うのか、 どのようにすれば効率的に使えるのか。 SNS マーケティングの入り口となる章です。

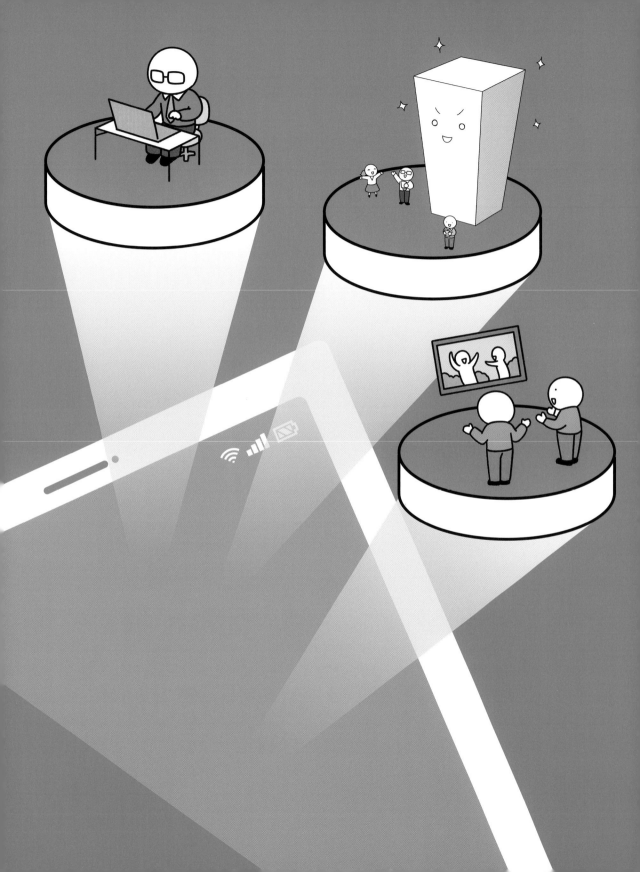

Twitter　Instagram　Facebook　TikTok　YouTube　LINE　Pinterest

01 SNSマーケティングとは？

SNS を活用する「SNS マーケティング」を成功させるためには、消費者が接触する3種類の「トリプルメディア」のそれぞれの特徴を把握する必要があります。

SNS マーケティングとは、その言葉どおり SNS を利用したマーケティングのことを指しています。Chpter 1 で紹介した定義に従えば、SNS を使って消費者の買いたい気持ちを作るものです。多くの企業が Twitter や Instagram で公式アカウントを開設していますが、そうしたアカウント運用だけが、SNS マーケティングなのではありません。SNS 上の口コミを利用したものや、インフルエンサーの力を借りたものなど、さまざまな方法があります。従来のマスメディアと比べるとコストをかけずに行えるというメリットも特徴のひとつです。

SNSマーケティングの位置づけ

トリプルメディアとは、マーケティングにおいて目的を達成するために活用する3つのメディアをまとめたフレームワーク。SNSマーケティングは、このメディアの中で複合的な立ち位置にある。

one point

「インスタ映え」や「Twitterでのバズり」などに焦点が当たりがちなSNSマーケティングだが、それだけが全てではない。アカウント運用だけでなく、口コミを利用したマーケティングやインフルエンサーの起用などもSNSマーケティングの側面のひとつだ。

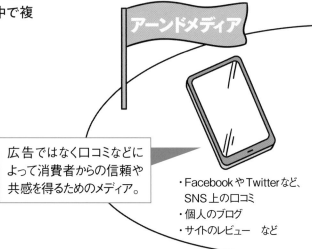

アーンドメディア

広告ではなく口コミなどによって消費者からの信頼や共感を得るためのメディア。

・Facebook や Twitter など、
　SNS 上の口コミ
・個人のブログ
・サイトのレビュー　など

SNSで消費者が接触するメディアは3種類に分類でき、「**トリプルメディア**」と呼ばれています。マーケティングを成功させるためには、トリプルメディアのどれが適切なのかを見極めなければなりません。トリプルメディアのひとつ目は、「**オウンドメディア**」。企業の自社メディアのことで、自社サイト、ブログ、メールマガジン、ECサイトなどを指します。2つ目は、「**ペイドメディア**」。お金を支払って掲載するメディアのことで、さまざまな広告がこれに当たります。3つ目は、「**アーンドメディア**」。消費者が情報を発信するメディアのことで、SNSやブログ、掲示板などを指します。消費者からの信頼や評判を得られる特徴があるので、アーンド（earnedのearnは「得る」という意味）と名づけられました。

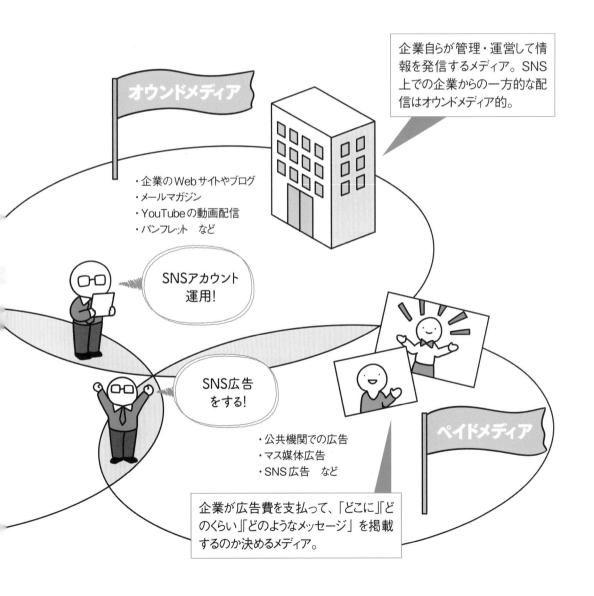

企業自らが管理・運営して情報を発信するメディア。SNS上での企業からの一方的な配信はオウンドメディア的。

オウンドメディア
・企業のWebサイトやブログ
・メールマガジン
・YouTubeの動画配信
・パンフレット　など

SNSアカウント運用！

SNS広告をする！

ペイドメディア
・公共機関での広告
・マス媒体広告
・SNS広告　など

企業が広告費を支払って、「どこに」「どのくらい」「どのようなメッセージ」を掲載するのか決めるメディア。

02

Twitter Instagram Facebook TikTok YouTube LINE Pinterest

トリプルメディア戦略の ひとつとして重要

各種 SNS ごとにユーザー層の違いがあるので、マーケティングでアプローチしたい層によって最適な SNS を選ぶようにしなければなりません。

３つのメディアの使い分け

オウンドメディア

自社ブログや商品PRサイトなど、自社で独自にPRする。多くの企業が、オウンドメディアを使った継続的な発信で、認知度アップと収益化を目指すが、企業側の一方通行の情報発信に留まってしまうケースも。

ペイドメディア

ほかのWebメディアやポータルサイトに、掲載料を支払って商品の宣伝活動を行う方法。インフルエンサーへのPR依頼も含まれる。利用する媒体や、起用するインフルエンサーによって、PR効果が大きく左右されるので要注意。

P39で紹介したトリプルメディアの中のひとつ、アーンドメディアは、Twitter、LINE、Facebook、Instagramなどの各種SNSを指します。企業が情報をコントロールすることは非常に難しいのですが、**第三者の口コミ**で情報が広まるので、消費者からの商品に対する信頼が得られるというメリットがあるのです。アーンドメディアを上手く使いこなすためには、SNSごとの特徴を把握しなければいけません。若い女性がターゲットの商品ならば、若い女性の利用者が多いSNSを選ぶようにしましょう。

日本で利用者が多い主要SNSとしては、Twitter、LINE、Instagram、Facebookがあります。それぞれのユーザーを、男女別、年代別に分類したデータ（P81参照）を見ると、SNSによって利用者の層が異なることがわかります。たとえば、Instagramは20代女性の利用者が多いので、20代女性にアプローチしたい際には有効なメディアです。反対に20代男性の利用者が多いのはTwitterですので、20代男性にアプローチしたいならTwitterを中心に考えるとよいでしょう。30代が多いのはFacebookですが、20代と50代も多いので幅広い年代にアプローチできます。それ以上に幅広い年代に浸透していて、日本でのユーザー総数が4種のSNSの中で多いのはLINEです。全年代に届けたいと考えるなら、LINEをマーケティングで利用しましょう。

第三者の口コミで
情報が広まっている!

このお店の
サービスめっちゃ
よかった

フーン

そうなんだ!

アーンドメディア

SNSの総称であり、内容としてはユーザーの反応や口コミが代表的。消費者の生の意見が反映されるため、企業側は直接的な関与ができない。一方で、話題に上がりやすく、長期的なブランディングができるメリットも。

03

Twitter | Instagram | Facebook | TikTok | YouTube | LINE | Pinterest

WebマーケティングにおけるSNSの存在

ネットが浸透するようになって盛んに行われるようになった Web マーケティング。その中において、SNS はどのような位置づけとなっているのでしょうか?

企業が行っているWebマーケティング（2015年）

63.1%

46.4%

32.1%

29.8%

28.6%

年々その活用性は上がっている

SEO 対策
ユーザーとの接触機会を増やすため、検索エンジンの結果で、自社のページが上位に掲載されるよう行う対策のこと。

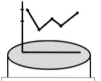

アクセス解析
自社で運営するウェブサイトへの訪問者の属性や行動、導線を分析し、より効果的なメディアに改良する。

リスティング広告
検索エンジンで、ユーザーが打ち込んだ検索のキーワードに反応して、ページ上部などに掲載される広告。

アフィリエイト広告
ネット上の成果報酬型の広告。サイト、ブログに来た訪問者のクリック数や商品購入に応じて運営者に報酬が支払われる。

スマートフォン向けサイト最適化
スマートフォンの規格に合わせ、文字の大きさやデザインを調節し、モバイル表示対応にすること。

インターネットを活用した**Webマーケティング**。インターネット黎明期の頃からWebマーケティングが行われるようになり、1994年には世界初のバナー広告が登場。オフィスや家庭にパソコンが普及し出した2000年頃には、ブログなどで盛んに情報発信が行われるようになりました。こうした流れの中で、ソーシャルメディアが登場し、さらにスマートフォンが浸透したことで、SNSマーケティングが行われるようになったのです。では、現在、Webマーケティングの中で、SNSはどういう位置づけになっているのでしょうか？

ディーエムソリューションズが企業経営者を対象に実施した2015年の調査では、Webマーケティングで行われている施策で63.1％を占めて1位となったのはSEO対策で、ソーシャルメディアの活用は23.8％で6位でした。この時点で割合として決して少ない訳ではありません。それ以降、日本の流行語大賞に「インスタ映え」が選ばれたり、コロナ禍における「おうち時間」の増加でSNSの利用時間が世界的に伸びを見せたり、SNSユーザーの数と利用時間はさらに増加し続けているので、マーケティングに活用しない手はありません。近年注目されているコンテンツマーケティング（コンテンツを使って顧客を獲得する方法）（P50参照）においても、SNSは有効に活用できるのです。

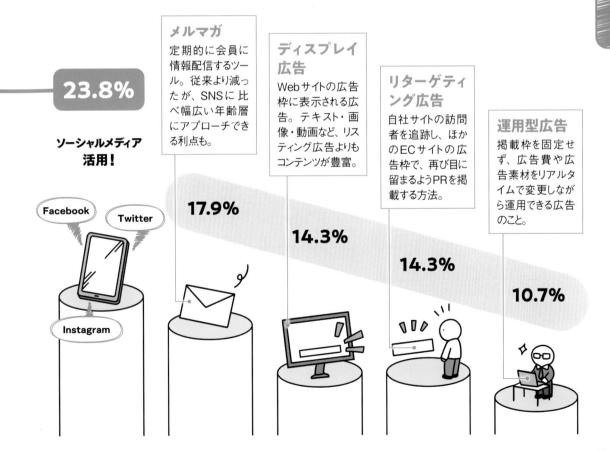

23.8%

ソーシャルメディア活用！

Facebook
Twitter
Instagram

メルマガ
定期的に会員に情報配信するツール。従来より減ったが、SNSに比べ幅広い年齢層にアプローチできる利点も。

17.9%

ディスプレイ広告
Webサイトの広告枠に表示される広告。テキスト・画像・動画など、リスティング広告よりもコンテンツが豊富。

14.3%

リターゲティング広告
自社サイトの訪問者を追跡し、ほかのECサイトの広告枠で、再び目に留まるようPRを掲載する方法。

14.3%

運用型広告
掲載枠を固定せず、広告費や広告素材をリアルタイムで変更しながら運用できる広告のこと。

10.7%

Twitter | Instagram | Facebook | TikTok | YouTube | LINE | Pinterest

04 SNSマーケティングは従来の マーケティングと何が違う？

SNS が盛んに使われるようになったことでユーザーの行動に変化が生まれ、その結果、 Web マーケティングにも変化が起きつつあります。

各種 **SNS のユーザー数**は増加し続けています。この傾向は多くの調査によって実証されていますし、SNS を利用している人なら、SNS の隆盛は実感できるのではないでしょうか。ユーザーは SNS を利用することにより、その行動にも変化が見られるようになりました。たとえば、Twitter のツイートで見た商品を購入したり、Instagram に投稿するために"インスタ映え"する場所に出かけたりするようになっています。また、ユーザーの**検索方法**が変わったことも、マーケティングに変化を及ぼすようになりました。

SEO だけに頼った場合

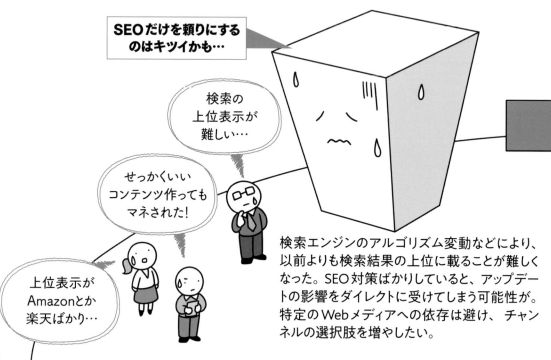

SEOだけを頼りにするのはキツイかも…

検索の上位表示が難しい…

せっかくいいコンテンツ作ってもマネされた！

上位表示がAmazonとか楽天ばかり…

検索エンジンのアルゴリズム変動などにより、以前よりも検索結果の上位に載ることが難しくなった。SEO 対策ばかりしていると、アップデートの影響をダイレクトに受けてしまう可能性が。特定の Web メディアへの依存は避け、チャンネルの選択肢を増やしたい。

これまでのネットユーザーは調べたいことがあれば、Google や Yahoo! で検索を行いました。ですが、SNS のユーザーは Twitter や Instagram 内で検索することが増えています。特に若い Instagram ユーザーの場合、調べたいことがあってもキーワードを入力して検索するのではなく、ハッシュタグによる検索を活用しています。P43 でも触れたように SEO 対策に力を入れている企業が多いのですが、従来のキーワードでの検索をしない SNS ユーザーが増加しているのですから、SEO だけに頼るのはリスクがあります。SEO に頼らない形で、SNS 上で自社の商品やブランドの認知度を上げていく必要があります。こうした意味でも、SNS の登場によって Web マーケティングの方法論は変わりつつあると言えるでしょう。

SNSマーケティングにも頼った場合

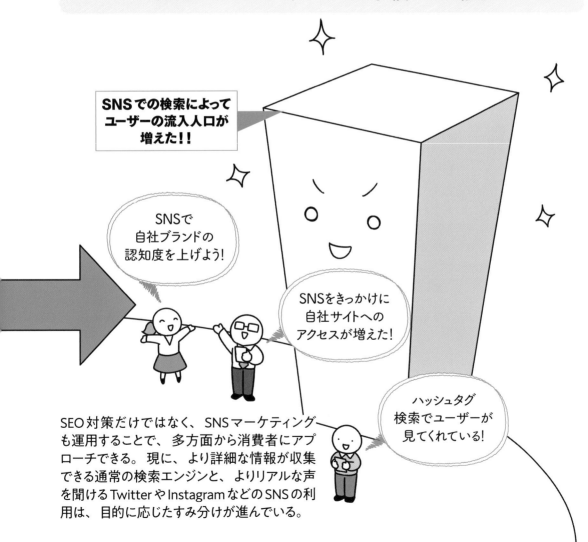

SNSでの検索によって
ユーザーの流入人口が
増えた!!

SNSで
自社ブランドの
認知度を上げよう!

SNSをきっかけに
自社サイトへの
アクセスが増えた!

ハッシュタグ
検索でユーザーが
見てくれている!

SEO 対策だけではなく、SNS マーケティングも運用することで、多方面から消費者にアプローチできる。現に、より詳細な情報が収集できる通常の検索エンジンと、よりリアルな声を聞ける Twitter や Instagram などの SNS の利用は、目的に応じたすみ分けが進んでいる。

05

Twitter | Instagram | Facebook | TikTok | YouTube | LINE | Pinterest

スマートフォンと SNS 普及が マーケティングを変えた

SNS を多くの人が利用するようになっています。その背景にはスマートフォンの普及と、スマートフォン経由でのネット利用者が増えているという事情があります。

2大検索エンジンの利用者数（2015年）

近年、インターネットの利用において、パソコンからスマートフォンへの移行が顕著に表れている。パソコンの利用者減少の一方で、スマートフォンの普及は進む。

スマホ
4735万人

PC
3892万人

2倍近い差が…

スマホ
4446万人

PC
2491万人

Yahoo!
2大国内インターネットサービスのひとつ。天気や乗換案内など、さまざまなサービスからアクセスされる。

Google
2大国内インターネットサービスのひとつ。スマートフォン利用者の伸びが大きく、2019年にはYahoo!に並ぶ利用率となっている。

SNSは高齢者とは無縁のものというイメージがあるかもしれませんが、LINEやFacebookを利用する高齢者は増えています。また、全世代において**SNSの利用時間**が増えているというデータもあります。平成30年度の総務省情報通信政策研究所の調査では、全年代平均においてネット利用では「ソーシャルメディアを見る・書く」時間が、第1位の「メールを読む・書く」に次いで第2位の長さとなっているのです（平日の調査）。これだけ幅広い世代が長い時間にわたってSNSを利用している背景には、スマートフォンの普及があります。

インターネットを見る時はパソコンを使うという人も多いとは思いますが、実はパソコン経由でのインターネットのサービスの利用者数は減少しているのです。ニールセン株式会社が調査したデータによると、2015年にYahoo!、Google、Amazon、YouTube、Facebookなどのサービスをパソコンで利用した人は、前年比で減少していました。それとは反対にスマートフォン経由でのインターネットのユーザー数が増加していることも、その調査で判明しています。また、スマートフォンユーザーの約92%がSNSを利用しているということも明らかになっています。現在、多くの人がスマートフォンでインターネットを見て、SNSを利用しているのです。

FacebookとYouTubeの利用者数（2015年）

スマートフォン利用者増加の背景にはSNSの普及が深く関わる。スマートフォンの所持者のうちSNSユーザーは9割を超え、マーケティングへの運用など利用価値は高まっている。

スマホ
3536万人

PC
1602万人

Facebook
老若男女の幅広い年齢層に支持されているFacebookもスマートフォンの利用者が圧倒的に多く、その数はPCでの利用者数の2倍以上に上る。

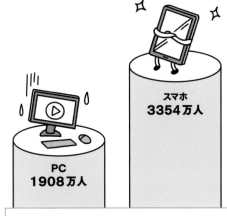

スマホ
3354万人

PC
1908万人

YouTube
2015年の前年比増加率が29%と、近年パソコンからスマートフォンへの移行が最も激しいインターネットサービスと言える。

06

Twitter Instagram Facebook TikTok YouTube LINE Pinterest

SNSマーケティングの影響力とは

SNSでの情報はユーザーによって拡散されます。SNSマーケティングによって、ユーザーは商品や企業に共感を持ち、そのことが売上のアップにつながります。

マーケティングでSNSを活用するメリットは、何と言っても、その**情報拡散力**にあります。これは従来のメディアにはないものです。以前は企業が発した情報をマスメディアやネットメディアなどを経由して受け取るだけだったのが、SNSの登場により、ユーザーが受け取った情報はSNSによって一瞬で拡散されるようになりました。また、SNSで話題になった出来事がテレビ番組などのマスメディアで取り上げられ、それがSNSで話題になって、情報がさらに拡散するという循環が生まれることも多くなっています。

SNSマーケティングの拡散力

②各種SNSへの投稿
Twitter、Facebook、YouTube、Instagramなど、マーケティングの目的に沿ったSNSを使い、そのユーザーに沿った形での投稿を行う。

①企業によるコンテンツ制作
企業のSNSマーケティング担当者が、自社商品の紹介やブランディングについて投稿コンテンツを制作する。

ユーザーに
リーチするには…

ユーモアを交えて
140字で投稿

短い動画で
わかりやすく解説

写真のクオリティ
を重視で!

SNSでの情報はユーザー経由で拡散されていくものですから、SNSマーケティングは**企業本位**ではなく、**ユーザー本位**で行わなければいけません。企業が発した情報にユーザーが共感したことで、その情報がシェアされて、さらに多くのユーザーに広まっていきます。情報を拡散させて企業や商品のイメージを向上させるためには、ユーザーの共感を得ることが重要です。また、SNSマーケティングはイメージの向上につながるだけでなく、売上に直結するというデータもあります。NTTコムリサーチが企業のSNS運用による効果について調査（2015年）したところ、効果の第3位が「新規顧客が増加」（58.4％）、第4位が「既存顧客のリピート率が向上」（53.8％）だったのです。顧客をしっかりとつかむ効果があると言えます。

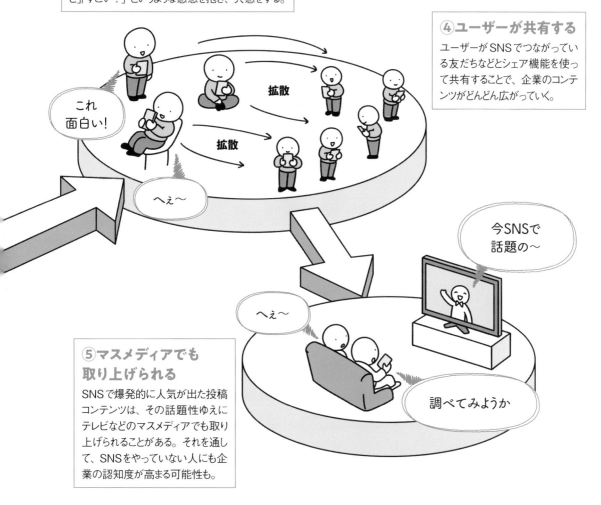

③**ユーザーが共感する**
そのコンテンツを見たユーザーが、「面白い」『なるほど』『すごい！』というような感想を抱き、共感をする。

④**ユーザーが共有する**
ユーザーがSNSでつながっている友だちなどとシェア機能を使って共有することで、企業のコンテンツがどんどん広がっていく。

これ面白い！

へぇ〜

拡散

拡散

今SNSで話題の〜

へぇ〜

調べてみようか

⑤**マスメディアでも取り上げられる**
SNSで爆発的に人気が出た投稿コンテンツは、その話題性ゆえにテレビなどのマスメディアでも取り上げられることがある。それを通して、SNSをやっていない人にも企業の認知度が高まる可能性も。

07

Twitter | Instagram | Facebook | TikTok | YouTube | LINE | Pinterest

SNS はコンテンツ
マーケティングと相性がよい

近年注目されているコンテンツマーケティングにおいては、SNS が非常に有効です。
情報の拡散や、コンテンツへのユーザーの流入などで SNS を活用できます。

SNS と相性がよい手法なのが、「**コンテンツマーケティング**」です。コンテンツマーケティングはもともとアメリカで生まれた概念で、近年、日本でも浸透しつつあります。簡単に言えば、「魅力的なコンテンツを提示することで人を集めて、商品を買ってもらう」のがコンテンツマーケティングです。たとえば、育児関連のニュースなどを掲載したベビー用品オンラインショップなどが、コンテンツマーケティングの事例となります。商品をプッシュして売り込む、従来の広告にうんざりした消費者を引き込む力があるのです。

従来のコンテンツマーケティング

理想のライフスタイルを成立させるためには…

検索!

①企業がコンテンツを制作する
企業が自社のブランドや商品など紹介したい時に、直接紹介するのではなく、まずその領域に関わりのある魅力的なコンテンツ（ニュース、オンラインショップなど）を制作する。

②ユーザーが悩みを解決するために検索する
ユーザーが抱えた悩みを解決するために、サイトを検索すると、その企業が制作したコンテンツを発見する。

なるほど！

ライフスタイル雑貨を知ってもらいたいなぁ

③コンテンツによって解決する
ユーザーの悩みと企業のコンテンツがマッチすることで、ユーザーは悩みを解決。その会社の商品にも興味を持ってもらえる。

コンテンツマーケティングでは、コンテンツの情報を拡散させたり、自社サイトへユーザーを導いたりする必要があり、そうした点において SNS は非常に有効です。コンテンツが SNS ユーザーに対してどのくらい魅力的なものだったのかは、SNS でシェアされた数、リンクがクリックされた数などで分析することが可能です。どの SNS からどのくらいの数のユーザーがコンテンツに流入したのかは、Google アナリティクスで分析できます。こうした分析によって、各 SNS と相性のよいコンテンツのテーマなどが把握できるのです。そうした点をコンテンツに反映させてコンテンツの内容を改善していくことで、消費者へのアピール力が高まっていき、より多くの消費者を集めることが可能となります。

SNS を使ったコンテンツマーケティング

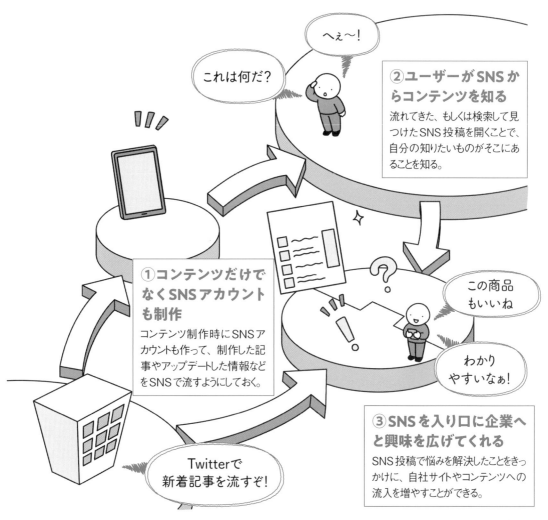

へぇ～！

これは何だ？

②ユーザーが SNS からコンテンツを知る
流れてきた、もしくは検索して見つけた SNS 投稿を開くことで、自分の知りたいものがそこにあることを知る。

①コンテンツだけでなく SNS アカウントも制作
コンテンツ制作時に SNS アカウントも作って、制作した記事やアップデートした情報などを SNS で流すようにしておく。

この商品もいいね

わかりやすいなぁ！

③SNS を入り口に企業へと興味を広げてくれる
SNS 投稿で悩みを解決したことをきっかけに、自社サイトやコンテンツへの流入を増やすことができる。

Twitterで新着記事を流すぞ！

Twitter Instagram Facebook TikTok YouTube LINE Pinterest

08 SNSでの認知が高まると 指名検索が増えるメリット

商品名やブランド名をキーワードにして検索する「指名検索」。SNS上での口コミが増えれば、指名検索も増えていきます。

商品名、ブランド名、店名、会社名などを入力して検索することを「**指名検索**」と言います。それに対して、スポーツシューズ、ラーメンなどの一般名詞での検索が「**一般検索**」です。一般検索の場合、「メガネ　通販」「冷蔵庫　オススメ」などといった形で検索するので、ライバルが非常に多くなります。検索結果の上位で表示されるためには、たくさんのライバルたちとの競争を勝ち抜かねばならず、検索エンジンマーケティングの高度なスキルも必要になります。ですが、指名検索であれば、その激しい戦いを回避できるのです。

指名検索を増やして口コミを増やせ

Search
ユーザーが気になっている商品や企業を、指名検索して自発的に調べている状態。

S earch

SNSでの認知
が作られる

Attention
ユーザーが企業の投稿などから気になっている状態。

A ttention

SNS上で商品やブランドに関する口コミが増えると、指名検索も増える傾向があります。そもそも商品やブランドが知られていないと検索してもらえないので、まずは口コミを増やさないといけません。SNS上でフォローしている人たちが商品やブランドについて言及していると、流行っていると感じてもらえますし、信頼できる知人から「あの商品が最高だよ」とすすめられると購買につながりやすくなります。また、口コミで話題になっていると、購入後に「あの商品を買ったよ」とSNSで気軽に発信しやすくなるので、口コミが広がりやすくなります。なお、指名検索をしてもらうためには、覚えやすく、検索しやすい商品名やブランド名にすることも重要です（特殊な文字を使った名前や長すぎる名前は避けましょう）。

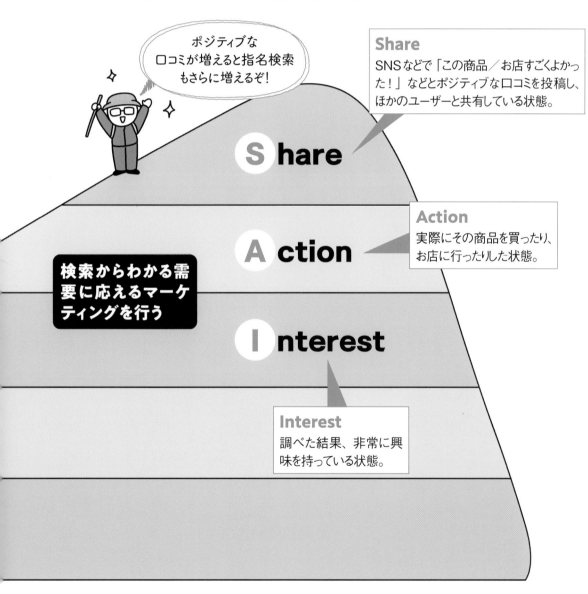

ポジティブな
口コミが増えると指名検索
もさらに増えるぞ！

Share
SNSなどで「この商品／お店すごくよかった！」などとポジティブな口コミを投稿し、ほかのユーザーと共有している状態。

Share

Action
実際にその商品を買ったり、お店に行ったりした状態。

Action

検索からわかる需要に応えるマーケティングを行う

Interest

Interest
調べた結果、非常に興味を持っている状態。

Twitter | Instagram | Facebook | TikTok | YouTube | LINE | Pinterest

09 SNS によって変わる ユーザー層の年齢と性別

SNS マーケティングでは、それぞれの SNS を利用しているユーザーの年齢層と性別を考えることで、よりその層にマッチした展開をしていくことができます。

代表的 SNS とユーザー分布

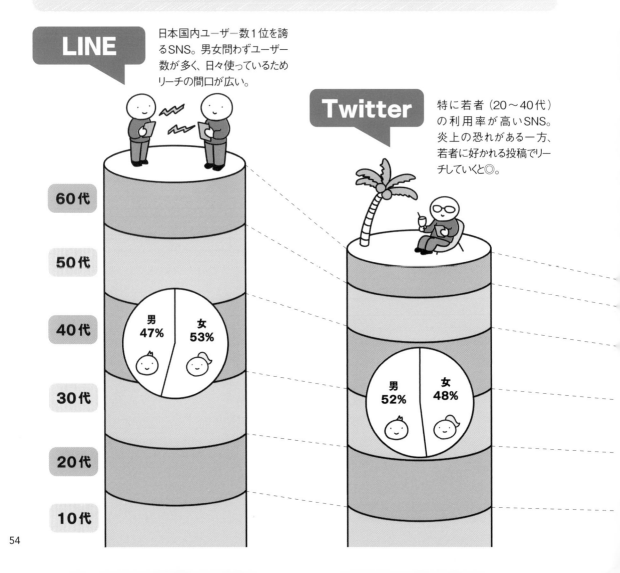

LINE
日本国内ユーザー数1位を誇るSNS。男女問わずユーザー数が多く、日々使っているためリーチの間口が広い。

Twitter
特に若者（20〜40代）の利用率が高いSNS。炎上の恐れがある一方、若者に好かれる投稿でリーチしていくと◎。

60代
50代
40代
30代
20代
10代

男 47% 女 53%

男 52% 女 48%

SNS を使ったマーケティングを考える際に考えなければならないことが、その SNS のユーザーの**年齢層**と**性別**です。SNS は、種類によってユーザー層が大きく違ってきます。特にわかりやすいのが年齢と性別のカテゴリでしょう。

以下の図は、代表的な 4 つの SNS における年代・男女別のユーザー数を示しています。Twitter は 20 〜 40 代が多く、ゲームアプリやメディアなどのエンタメ系の宣伝に非常に有効でしょう。反対に、Facebook は 30 〜 40 代を中心に広くユーザーが分布しているため、比較的年齢層を高めに広く PR したい時に向いています。Instagram は圧倒的に 20 〜 40 代のユーザーが多いことがわかりますので、若者、特に女性に写真で有形商材をアプローチしたい場合は最適でしょう。LINE はユーザー数が最も多く、男女問わず全ての年代に広く使われています。

たとえば、Facebook と Instagram を比べてみましょう。Facebook は比較的年齢層の高い男性のユーザーが多く、Instagram は若い女性が多くを占めます。「若い女性向けの化粧品」を PR したい時には、当然 Facebook ではなく Instagram を用いたほうが効果的でしょう。逆に、ビジネスマン向けの商材を PR したい時に Instagram を使っても効果は低めです。このように、PR したい商品・サービスの対象であるユーザーに応じて、使う SNS を考えていかなければなりません。

株式会社ガイアックス「主要 SNS ユーザー数データ資料」2020 年 3 月　より作成

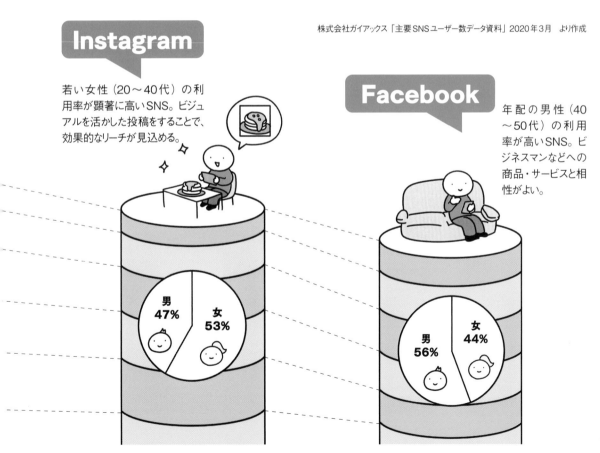

Instagram

若い女性（20〜40代）の利用率が顕著に高い SNS。ビジュアルを活かした投稿をすることで、効果的なリーチが見込める。

男 47%　女 53%

Facebook

年配の男性（40〜50代）の利用率が高い SNS。ビジネスマンなどへの商品・サービスと相性がよい。

男 56%　女 44%

| Twitter | Instagram | Facebook | TikTok | YouTube | LINE | Pinterest |

10 動画マーケティングの規模は5Gで加速する

2020 年からスタートした 5G。高速・大容量、低遅延、多数同時接続の通信が可能となり、スマートフォンの動画広告に大きな影響を与えると考えられています。

Web 上でたくさん流れている動画広告。YouTube を始めとした動画サイトでも動画広告が流されていますし、主要SNSでも動画を使ったプロモーションが行われています。ある調査によれば、2018 年の動画広告市場は 2027 億円という規模で、今後さらなる成長が見込まれています。動画が消費行動に結びつくという調査結果もあるので、動画広告に力を入れる企業は増えていくことでしょう。こうした動画広告によるマーケティングを進化させる要因となるのが、2020 年からスタートした第 5 世代移動通信システム「**5G**」です。

5Gがもたらすメリット

4K

8K

低遅延

高画質！

タイムラグがない！

データを要求してから送られてくるまでの時間が短くなるということ。通信中に発生する遅れをおさえ、4Kや8Kなどの高画質の動画であってもタイムラグなしで配信することができるようになる。

高画質動画による宣伝を、ノンストレスで届けられる

5Gとは新しいモバイル通信技術のことであり、高速・大容量、低遅延、同時多数接続という特徴があります。つまり、大容量のデータを瞬時に送ることができて、通信でタイムラグがほとんど起きず、同時にたくさんの端末を接続できるのです。5Gによって通信環境が良好になるため、**ライブ配信**が今以上に盛んになるものと考えられています。5Gはスマートフォンで見る動画広告だけでなく、電車の車内や街中のデジタルサイネージなどの**動画広告**にも影響を与えることでしょう。たくさんの人が集まる会場でも、スムーズな通信が可能になるため、ライブに集まった観客のスマートフォンに動画広告を流してプロモーションを行うことも可能になります。**VR動画**を利用した動画広告も活用されることでしょう。

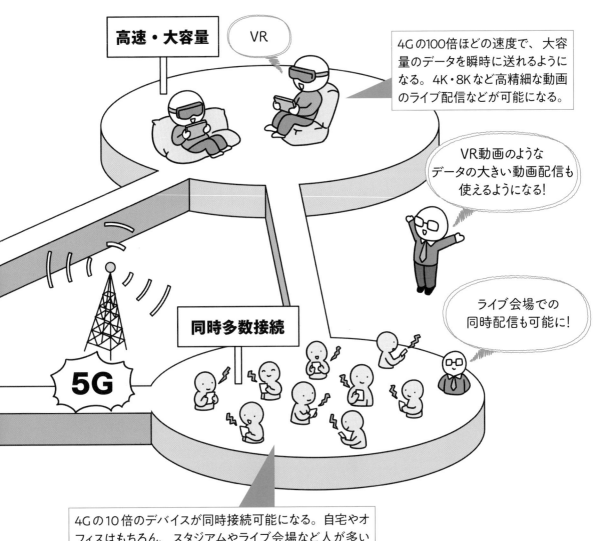

高速・大容量

VR

4Gの100倍ほどの速度で、大容量のデータを瞬時に送れるようになる。4K・8Kなど高精細な動画のライブ配信などが可能になる。

VR動画のようなデータの大きい動画配信も使えるようになる!

ライブ会場での同時配信も可能に!

5G

同時多数接続

4Gの10倍のデバイスが同時接続可能になる。自宅やオフィスはもちろん、スタジアムやライブ会場など人が多いところでも快適に動画を見られる。

覚えておきたい

SNS マーケティング 用語集 その②

☑ KEY WORD

アーンドメディア　　　　　　　　　　　　P39

SNS で消費者が接するメディアのひとつ。SNS やブログ、掲示板などを指していて、消費者自身が情報を発信するという特徴を持つ。「アーンド（earned）」は「得る」といった意味で、消費者からの信用や評判を獲得するメディアを指す。

☑ KEY WORD

Web マーケティング　　　　　　　　　　　P43

Web を活用したマーケティングのこと。バナー広告などから始まり、SEO 対策やリスティング広告（ユーザーの検索結果に関連して掲載される広告）、ブログ、SNS などが活用されるようになり、さらに現在ではコンテンツマーケティングも浸透している。

SEO 対策 P43

インターネットで検索した際に、自社サイトを検索結果の上位に表示させるために行う対策。多くの会社が Web マーケティングの一環で取り入れているが、若い SNS ユーザーの中では Google や Yahoo! で検索をしなくなっている傾向があるので、SEO だけに頼るのは危険とも言える。

コンテンツマーケティング P50

ユーザーが求める情報などを含んだコンテンツを提供して、ユーザーをファンとして定着させ、最終的に商品を買ってもらうことを目指す、マーケティングの手法。自社のオウンドメディアを使って、ユーザー目線に立ったコンテンツを発信する例が多く見られる。

ライブ配信 P57

インターネットで、リアルタイムで動画を配信すること。2017 年がライブ配信元年と呼ばれ、現在急成長中。YouTube などさまざまなプラットフォームでの配信が可能。視聴者とコミュニケーションできる点が通常の動画と大きく違い、マーケティングにも活かされている。

VR 動画 P57

VR とは「Virtual Reality（バーチャルリアリティ＝仮想現実）」の略称で、VR 動画はまるでその場にいるかのような体験ができる動画のこと。商品やサービスの疑似体験も可能となるため、ビジネスで VR 動画を活用するケースも増えている。

Chapter 3

覚えておくべき
SNSマーケティング
戦略

SNSマーケティングをするにあたって、知っておいたほうがいい
戦略的な考え方をまとめました。目的やターゲット、マニュア
ルの設定など、まずはどのように進めていくのか、具体的に
想定していくために必要な知識です。

Twitter Instagram Facebook TikTok YouTube LINE Pinterest

最初に考えるべき 4 つの要素

マーケティングで SNS を利用するにあたって、事前に決めておくべき 4 つの要素は「目的」「ペルソナ」「利用する SNS」「運用ポリシー、運用マニュアル」です。

「ほかの企業もやってるから、とりあえずウチの会社も SNS で公式アカウントを作るか」というように、なんとなく始めてしまっては、SNS マーケティングで成果を出すことはできません。SNS の利用を開始する前に、以下の 4 つのことをしっかりと決めておきましょう。ひとつ目は「目的」です。KGI と KPI（P68 参照）と呼ばれる目的を設定し、成果が出ているかどうかをチェックします。重要目標達成指標と訳される KGI は最終目標で、重要業績評価指標と訳される KPI は KGI を達成するための中間的な目標と理解すればよいでしょう。

アカウント解説に向けて踏むべきステップ

闇雲にアカウントを開設するのではなく、まず段階を踏んでやるべきマーケティングにふさわしいアカウントを作れるようにしましょう。

何のためにアカウントを運用するのか、どのような結果が出せれば成果が出たと言えるのか、最初にしっかり決めておくこと。ここがあやふやだと、運用自体が目的になってしまう。

コンテンツを誰に向かって制作するのか明確にしておこう。ペルソナの軸が具体化されていないと、その時々によって内容がぼやけてしまう。

1 目的の設定

2 ペルソナの設定

2つ目は「**ペルソナ**」です。ペルソナは人、人格といった意味の言葉です。自分たちの商品のターゲットをハッキリさせないと効果的なマーケティングはできませんので、「40代の既婚男性、職業は自営業、趣味は旅行」などのように顧客のペルソナ（人物像）をできる限り具体的に設定します。3つ目は「**利用するSNS**」です。SNSごとに特徴やメインのユーザー層が変わってきますので、自分たちの目的や顧客にアプローチするにふさわしいSNSを選択してください。4つ目は「**運用ポリシー、運用マニュアル**」です。SNSを運用していれば、思わぬトラブルが発生することもあります。さまざまな事態に対応できるポリシーとマニュアルを事前に用意しておけば安心です。

何かアクシデントが起こってから協議していたのでは、対応が遅くなってしまう。運用を始める前に方針や対策を決めておくのがベスト。

Twitter、Facebook、LINE、TikTok…さまざまなSNSから、目的とペルソナ、自社の商品やサービスに合ったものを選ぶようにしよう。

4 運用方針を決める

3 SNSを決める

最初にルールを決めておかなくちゃね

ターゲットは重要だよね…

02

Twitter Instagram Facebook TikTok YouTube LINE Pinterest

特徴は宣伝色をおさえた 発信による「刷り込み」

個人メディアの集合体である SNS では、個人個人が情報を発信します。そのため、企業の思惑をおさえたほうが、ユーザーからの共感を得られて、情報は拡散されます。

宣伝色をおさえることによる刷り込みとシェア

宣伝色の強い情報は、従来の企業本位の Web マーケティングでよく使われていたもの。これだとユーザーは共感することができず、シェアの伸びは期待できない。

SNS マーケティングでは、企業の宣伝であることを前面に押し出さないようにしないといけません。企業の宣伝が目的であることを察知した SNS ユーザーは、そのブランドや商品を支持しない傾向があるのです。これまでにも解説したとおり、そもそもマーケティングとは消費者の中に「買いたい気持ち」を作るためのものですので、消費者本位で行わなければなりません。特に SNS では企業の思惑が見透かされた場合に、そのことがネガティブな情報として拡散されてしまう危険性もあるので、消費者本位を徹底する必要があります。

SNS は個人のメディア（**パーソナルメディア**）の集合体であり、たくさんの個人が情報を広めるという点に、これまでのメディアとの大きな違いがあります。個人が自分の意思で情報拡散を行うのですから、ユーザーが「この商品はいい」「このブランドはすぐれている」などと共感したものの情報が広がっていくのです。宣伝色をおさえたほうが情報はユーザーたちによってシェアされて広がりやすくなり、商品やブランドの認知度が上がります。認知度が上がる中でユーザーは「その商品に気付く」「その商品のことを覚える」「その商品のことを思い出す」「商品名で検索する」というステップを踏んでいきますので、結果的に宣伝色が表に出ていない SNS マーケティングのほうが、消費者は商品に興味を持ちやすくなるのです。

宣伝色をおさえた、「ユーザーが知りたい情報」を押し出したユーザー本位の情報は、共感を得られやすくなる。宣伝と認識されずシェアされていくため、「そういえばあの商品…」というように刷り込みがされて購買へとつながる。

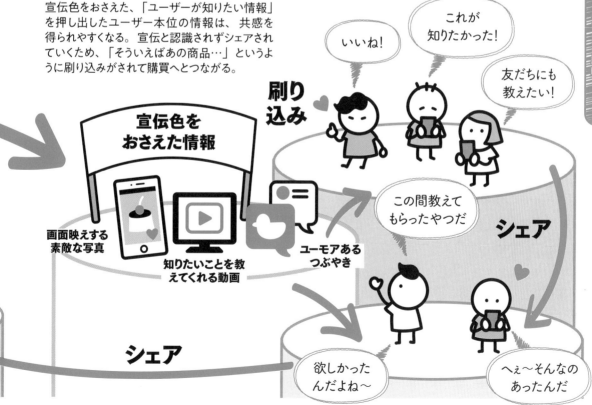

| Twitter | Instagram | Facebook | TikTok | YouTube | LINE | Pinterest |

03 SNS マーケティングをする 目的を詳細に考える

目的を設定しないと、SNS マーケティングの効果は期待できません。目的としては、ブランディング、集客・販促、ユーザーサポートなどがあります。

P62 で解説したとおり、SNS マーケティングを行うためには具体的な目的を設定しないといけません。目的がないとマーケティングの戦略も立てられませんし、マーケティングが成果を出しているのかどうかを判断することもできません。最終目的である KGI（重要目標達成指標）、そこに至るまでの中間的な指標である KPI（重要業績評価指標）を設定すれば、マーケティングの道筋が見えてきます。KPI の具体的な数値を決める際には、自分たちのモデルとなるような他企業の SNS アカウントの実績を参考にすればいいでしょう。

主に 3 つの SNS の活用目的

ユーザー主体の情報を提供して、それに共感を持ってもらうことでシェアを促す。多くの人の企業や商品のイメージを向上させることができる。

SNSマーケティングの目的は大きく分けると、「**ブランディング**」「**集客・販促**」「**ユーザーサポート**」になります。ブランディングとは具体的に言えば、自社ブランドや商品の認知度を上げて、その信頼度や好感度を上げるということです。そのために、ブランドの公式アカウントのフォロワー数、投稿に対する「いいね！」の数を増やしていくことを目指します。集客・販促では、自社サイトへの流入や実店舗への来店などを狙います。ユーザーサポートでは、SNSを通して顧客から寄せられた疑問や悩みに迅速に対応します。困っているユーザーがSNS上で発信した悩みを見つけて、企業側から「どういった点でお困りですか？」とアプローチして積極的にサポートすることも可能です。

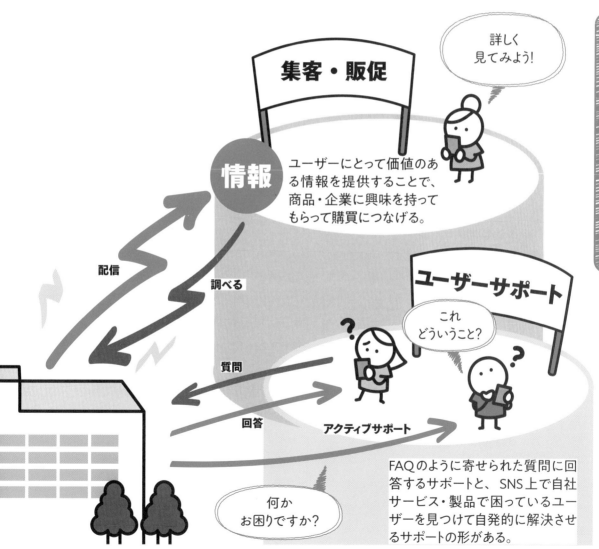

Twitter Instagram Facebook TikTok YouTube LINE Pinterest

04 KGI・KPI を考える

KGI を決めたうえで、KPI を設定します。その際には KPI がしっかりと KGI に結びついて連動するものにしないといけません。売上につながらない KPI はよくありません。

SNS マーケティングの最終目的である **KGI** は、社内でのディスカッション、顧客からのヒアリングなどで決めるとよいでしょう。自社の中期計画資料を見ることで SNS を通じて向上させるべき部分を把握して、KGI を決めることもできます。KGI が決まると、次は **KPI** の設定です。主な KPI の例としては「認知度の向上」「好感度の向上」「フォロワー数」「いいねの数」「ハッシュタグ投稿数」「自社サイトへのアクセス数」「購買意欲の向上」といったものがあります。KPI を設定する時は、KPI が本当に KGI に結びつくのかしっかりと考えてください。

KGI と KPI 設定のプロセス

❶目的を明確に設定する

マーケティング全体を見て、「年間売上10%アップ」などのようにゴールを設定する。

まずは運営の軸がぶれないように目的を具体的に設定することが大切（P66参照）。

❷KGIを設定する

KPIで目標のフォロワー数や「いいね！」の数を達成しても、肝心の売上につながらないと意味がありません。SNSの中だけを見て考えるのではなく、幅広い視野でマーケティングの戦略を検討したうえでKGIにつながるKPIを設定するようにしましょう。また、KGIとKPIにはSNSマーケティングの成果を測定するためのものという意味合いもあります。KPIに関しては月に1回、KGIに関しては年に1～2回は達成度を調べるようにしましょう。KGIの達成度の調査方法のひとつとして消費者アンケートがあります。「購入を決める際に参考にした情報源は何ですか？」「商品に関してポジティブな投稿を何回SNS上で行いましたか？」といったことを聞き、SNSがどれくらい購入に貢献したかを測定するのです。

KGI = Key Goal Indicator
（重要目標達成指標）

KPI = Key Performance Indicator
（重要業績評価指標）

❸KGIを達成するためのKFSを明確にする

具体的なKFSなども洗い出したうえで、連動してKGIを達成するようなKPIを設定する。

そのKGIを達成するために必要なカギであるファクター、KFSを見抜く。

※ KFS = Key Factor for Success（重要成功要因）

❹❸を踏まえてKGIを達成するためのKPIを設定する

05

Twitter | Instagram | Facebook | TikTok | YouTube | LINE | Pinterest

ターゲット・ペルソナの設定は詳細に

情報を届けたい対象を明確にするために、その相手の人物像を明確に作り上げましょう。
リアルな人物像ができると、マーケティングの戦略にブレがなくなります。

設定はより具体的に絞り込む

30代男性

ざっくりとした設定

年齢は?

家族構成は?

職種は?

出身は?

学歴は?

ターゲット層の想定 ➡ ペルソナを設定する

SNSで情報を届けるためには、誰に情報を届けたいのか、きちんと決めておかないといけません。具体性がないと、マーケティング戦略がぼやけてしまうからです。情報を届けたい人のペルソナを明確にするため、その際には年齢、性別、職業、居住地、趣味嗜好などを設定して、ひとりの人物像を作り上げましょう。場合によっては、ペルソナは複数人でもかまいません。たとえば、アミューズメント施設では、利用者はファミリー層、10〜20代の若者などと、さまざまです。こうした場合は、ペルソナを複数設定するようにしてください。

ペルソナを決めるうえで参考になるのは、実際の顧客と自社サイトを訪れる人のデータ、一般公開されている調査データです。また、「**STP**」という手法も顧客の人物像を絞り込むうえで活用できます。Sとはセグメンテーション（区分）のことで、人々を年齢、性別、地域……など、多岐にわたる指標に分類します。次のTとはターゲティングのことで、Sで分類した中からターゲットを定めます。最後のPとはポジショニングで、そのターゲットに対して「我が社の商品はこういう点が違います」と他社と差別化して自社商品の魅力をアピールします。ペルソナが決まった時は、その層がSNS上にどれだけいるかも把握しましょう。たとえばペルソナが20代女子大学生の場合、その層のSNS上での人数がわかれば、KPIを設定するうえで参考になります。

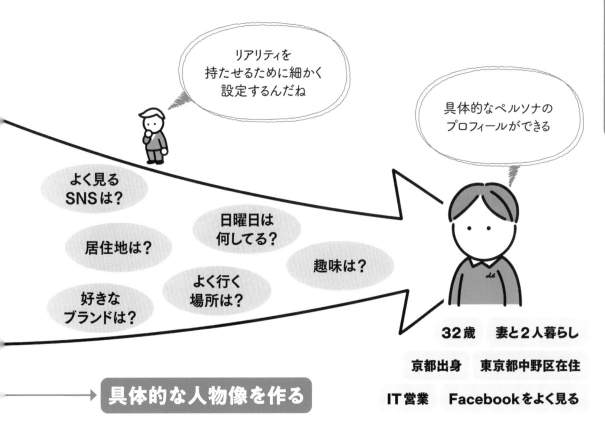

06

| Twitter | Instagram | Facebook | TikTok | YouTube | LINE | Pinterest |

SNSの種類と特性

SNSは「投稿が全ての人に公開されるか」「アカウントが実名か匿名か」「情報は拡散しやすいか」「炎上しやすいか」などのポイントで分類されます。

SNSを分類するうえで、重要なポイントは「**オープン型**か**クローズド型**か」「実名か匿名か」「**ハッシュタグ**（#）を使うか」「拡散しやすいか」「炎上しやすいか」です。「オープン型かクローズド型か」とは、SNSの公開のタイプです。オープン型は基本的に投稿が全ての人に公開されていて、Twitter、Instagramがこれに当たります。投稿が特定のユーザーにしか公開されないLINEはクローズド型です。「実名と匿名」の違いですが、実名での登録が原則なのはFacebookのみで、それ以外は実名と匿名の両方で使用できます。

SNSの主な特徴5種類

Twitter、Instagram、TikTok、YouTube、Pinterest など

LINE など

オープン

クローズド

公開タイプ

不特定のユーザーの目に入るか、特定のユーザーの目にしか入らないかの設定。オープン型でも、クローズド型に個人設定できるものも。

Facebook など

Twitter、Instagram、TikTok、YouTube、LINE、Pinterest など

実名 ○ × **匿名**

名前表記

実名登録が原則かどうかという設定。匿名のSNSでも、実名が禁止されている訳ではない。

Twitter から使われ始めたハッシュタグ（#）は、現在は多くの SNS で使われています。情報共有や拡散で大きな力を発揮しますが、使われる頻度には違いがあります。よく使われているのは Twitter と Instagram で、Facebook と LINE ではあまり使われません。拡散のしやすさでも SNS によって違いがあります。Twitter はリツイート機能、Facebook はシェア機能で拡散しやすくなっています。拡散力が高いと情報は素早く広まりますが、同時に炎上（P180 参照）しやすいというデメリットがあります。また、匿名のほうが攻撃的な発言が増えるので炎上しやすくなる傾向があります。SNS の中でも拡散力が高くて、匿名のユーザーも多い Twitter がほかの SNS と比べて一番炎上しやすいのです。

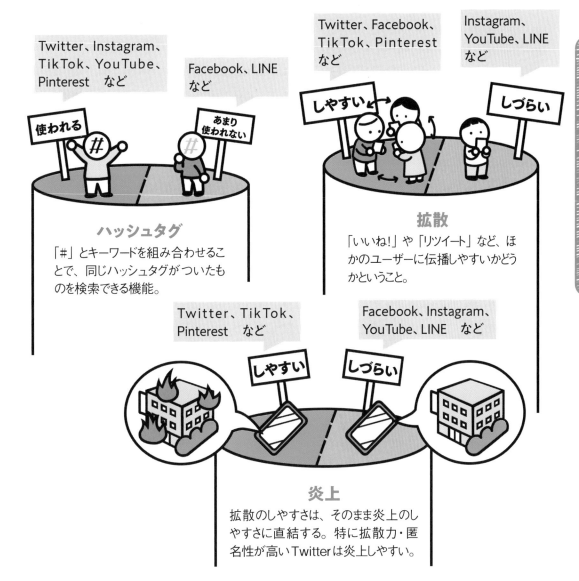

ハッシュタグ

Twitter、Instagram、TikTok、YouTube、Pinterest　など

Facebook、LINE など

使われる

あまり使われない

「#」とキーワードを組み合わせることで、同じハッシュタグがついたものを検索できる機能。

拡散

Twitter、Facebook、TikTok、Pinterest など

Instagram、YouTube、LINE など

しやすい

しづらい

「いいね!」や「リツイート」など、ほかのユーザーに伝播しやすいかどうかということ。

炎上

Twitter、TikTok、Pinterest　など

Facebook、Instagram、YouTube、LINE　など

しやすい

しづらい

拡散のしやすさは、そのまま炎上のしやすさに直結する。特に拡散力・匿名性が高いTwitterは炎上しやすい。

73

07

`Twitter` `Instagram` `Facebook` `TikTok` `YouTube` `LINE` `Pinterest`

運用方針と
マニュアルの重要性

安定した運用を行うために、事前に運用ポリシーと運用マニュアルを作成しておきましょう。炎上などが起きた場合でも、あせらずに対応できます。

「どのように SNS を運営するか」という方針に関する**運用ポリシー**と**運用マニュアル**は、アカウントを開設するより前に用意しておかなければなりません。たとえば、Twitter の公式アカウントなら、「送られてきた DM に対応するか」「リプライに返信するか」といったことや、1 日の投稿数、ツイートする時間帯、ツイートの文体などを決めておきましょう。こういった方針を確立していないと場当たり的な対応になり、「あの人に対する返答と、こちらに対する返答に違いがある」といったクレームが発生してしまいます。

ポリシーとマニュアルの違い

「公式」の宣言

投稿を削除する時の基準

運用目的について

企業アカウントができること

運用ポリシー

一般のユーザーに向けて発信する、企業アカウントの行動指針や目的のこと。アカウントを運用する社員たちの共通意識を作ることができる。

外部の人々

運用ポリシーと運用マニュアルを作るメリットのひとつとして、「それに従えば誰でもアカウントを運営できる」というものがあります。SNSの担当者が代わった場合でも、それまでと同じようにアカウントを運営することが可能なのです。また、さまざまな事態に備えていても、想定外の事態は起きます。運用開始の時点で、「運用方針を変更することもあります」と明記しておくべきでしょう。想定外の事態としては、炎上や風評被害などのトラブルもあります。トラブルに関しても事前に具体的な対策マニュアルを制作しておけば、炎上が起きた場合でもあわてることなく対応できます。SNS上では事態の移り変わりのスピードが速いので、運用ポリシーや運用マニュアルによって迅速に対応することが重要です。

社内のSNS担当者たちが共有する内部ルール。炎上トラブル（P180参照）を想定した対策もまとめておくと安心できる。

1日の投稿数は2回

運用する時間は平日勤務時間内のみ

リンクを張る場合の注意点

運用マニュアル

動画・写真それぞれの投稿方法

会社の人々

Twitter Instagram Facebook TikTok YouTube LINE Pinterest

08 効果測定で PDCA サイクルを回せ

製造業での品質管理を始め、幅広い分野で使われている PDCA サイクルによって SNS のアカウント運営を継続的に改善していくことができます。

SNS のアカウントを運営していくと、ユーザーからさまざまな反応が返ってくることでしょう。ポジティブな反応があった部分は伸ばし、ネガティブな反応があった部分は修正するなど、運営に関して、さまざまな改善が必要となります。この際に活用できるのが、「**PDCA サイクル**」です。これは Plan（計画）、Do（実行）、Check（評価）、Action（改善）を繰り返すことで、業務を継続的に改善していくテクニックです。もともとは製造現場においての品質管理で使われていたものですが、今ではさまざまな分野に浸透しています。

SNS マーケティングにおける PDCA

Plan 計画

「●人フォロワーを増やす」など目標を設定し、その達成のために何をするべきか考え、プランニングをする。何を・誰に・なぜ・どのくらい・いつ…など詳しく分解してから、SNS に投稿する内容や、プレゼントキャンペーンなどの企画を考える。

SNS マーケティングにおいての PDCA サイクルは、まずコンテンツを企画し（P= 計画）、実際に SNS 上で実行し（D= 実行）、ユーザーの反応をチェックし（C= 評価）、その反応を踏まえて改善を行う（A= 改善）というものになります。PDCA サイクルのために、レポートを毎月作成しなければなりません。レポートには月ごとのデータを記録します。Twitter のアカウントなら、フォロワー数、返信数、お気に入り数、リツイート数などの数値を記録し、月ごとの推移を確認します。また、反応のよい投稿と悪い投稿を比較することで、よりよい投稿ができるようになるでしょう。レポート作成は PDCA サイクルに役立つだけでなく、SNS マーケティングに関わるスタッフ全員が運用状況を把握できるというメリットもあります。

リツイートした人に抽選でプレゼント！

実際に SNS に投稿をする。計画したことを意識しながら、各 SNS においてレポートを自動生成するツールなどを使い、ユーザーの反応や時間について数字を確認することが大切。

Do 実行

計画に沿った実行ができていたかどうか検証する。SNS では、投稿に対するユーザーの反応を即座に知ることができる。

SNS ならではのスピード感で回る

Action 改善

Check 評価

評価で知った課題の解決策を考え改善する。ユーザーの反応からわかるリアルタイムな改善点は、すぐに修正していくことを繰り返し、よりよくしていくことができる。

09

Twitter | Instagram | Facebook | TikTok | YouTube | LINE | Pinterest

エンゲージメント率の測定で方針を決める

フォロワーからの積極的な反応の割合を示すエンゲージメント率を見れば、フォロワーからどのくらい共感を持たれて、支持されているのかがわかります。

運営しているSNSアカウントがどれだけSNSユーザーから人気を獲得しているかを判断するための指標となるのが、「**エンゲージメント率**」です。エンゲージメント率とは、投稿に対しての「いいね！」やシェア、クリックなどの反応（エンゲージメント）があった割合を数値で示したものです。ただ単にアカウントをフォローされているだけだと、フォロワーから支持されているかどうかわかりませんが、投稿に対しての「いいね！」やシェア、コメントが多ければ、フォロワーが投稿に対して共感や興味を持っていると推測できます。

エンゲージメント率は高い？ 低い？

エンゲージメント率を意識することは、ユーザーの反応・関心の度合いをリサーチすることにもつながる。ただし、エンゲージメント率にはネガティブな反応も含まれているので、数値だけでなくユーザーの感情に気を付けよう。

ユーザーと交流ができていない
エンゲージメント率が低いということは、投稿を介してユーザーと交流できておらず、共感・関心を得ることができていないということ。SNSならではの双方向性のコミュニケーションを意識しよう。

低

各ユーザーからの反応であるエンゲージメントは、SNSによって異なります。Facebookの場合は「いいね！」、シェア、コメント、写真のクリック、動画の再生など。Twitterの場合はリツイート、返信、フォロー、クリック、「いいね！」など。Instagramの場合は「いいね！」、動画の再生、投稿の保存、コメントなど。これらのエンゲージメント率を上げるための方法としては、「ユーザー目線でコンテンツを作る」「ユーザーとコミュニケーションをとる」というものがあります。また、エンゲージメント率は競合他社と自社を比較する指標にもなります。他社のアカウントのエンゲージメント率を調べて自社のアカウントと比べれば、「エンゲージメント率が低いからコメントを促すようなコンテンツにしよう」などと、運営方針を決めることができます。

$$エンゲージメント率 = \frac{「いいね！」などのユーザーからのアクション}{その投稿へのリーチ数} \times 100$$

※フォロワー数やインプレッション数を分母として計算する場合もあります。

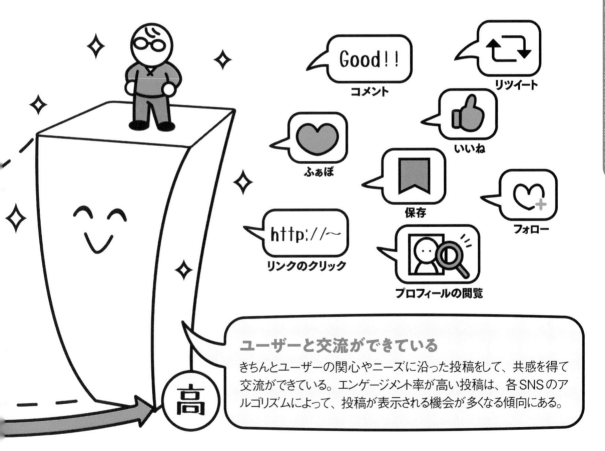

Good!!
コメント

リツイート

ふぁぼ

いいね

保存

フォロー

http://~
リンクのクリック

プロフィールの閲覧

高

ユーザーと交流ができている
きちんとユーザーの関心やニーズに沿った投稿をして、共感を得て交流ができている。エンゲージメント率が高い投稿は、各SNSのアルゴリズムによって、投稿が表示される機会が多くなる傾向にある。

10

Twitter Instagram Facebook TikTok YouTube LINE Pinterest

複数の SNS を
使い分ける効果

SNS マーケティングのブランディング、集客・販促、ユーザーサポートといった目的に
あわせて、最適な SNS を選択するようにします。

P66 〜 67 でも触れたとおり、SNS マーケティングの目的は、ブランディング、集客・販促、ユーザーサポートに大別されます。これらの目的ごとに向いている SNS がありますので、臨機応変に **SNS を使い分け**ると、より効果的な SNS マーケティングを行うことができます。商品やブランドのイメージと認知度を向上させるためのブランディングには、全ての SNS が活用できますが、Instagram や Pinterest（P206 参照）は、デザイン面でのイメージの向上に特に有効です。

目的ごとに適したSNSがある

広義でのブランディングととらえれば、全てのSNSでブランディングすることは可能だが、デザイン的側面が強いPinterestとInstagramはその中でも特にビジュアルイメージによるブランディングに向いている。

集客・販促自体は全てのSNSで行うことが可能。しかし、業種やターゲットの性別や年齢などの情報によって、向いているSNSが違ってくるので、その判断が大切。

集客・販促に関しては、全てのSNSを活用することができますので、想定している顧客のペルソナから使用するSNSを選択します。たとえば、50代男性がメインのターゲットとなるのであれば、若い女性のユーザーが多いInstagramではなくFacebookを利用するとよいでしょう。ユーザーサポートに関しては、Facebook、Twitter、LINEが向いています。Facebookではメッセンジャーで寄せられたユーザーからの問い合わせに回答します。Twitterでは、「○○○の使い方がわからない」などと疑問点をつぶやいたユーザーを見つけて、企業側からアプローチしてその疑問を解決します。LINEはユーザーとのコミュニケーションツールとして、窓口を設置してユーザーからの問い合わせを受け付けます。

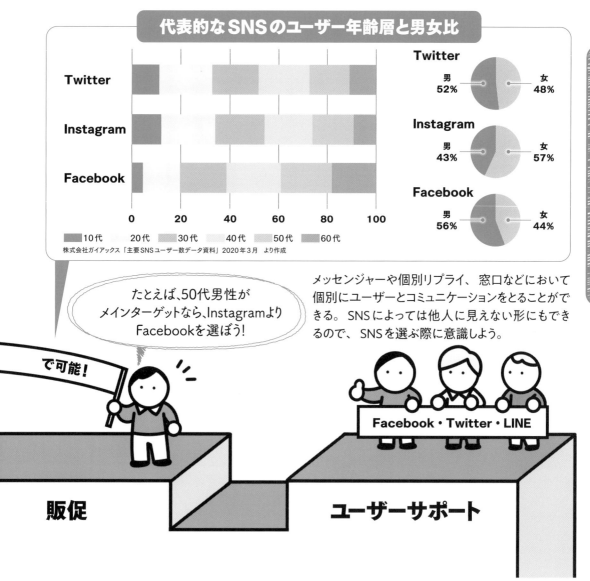

代表的なSNSのユーザー年齢層と男女比

Twitter
Instagram
Facebook

0　20　40　60　80　100

■10代　20代　30代　40代　50代　60代

Twitter
男52%　女48%

Instagram
男43%　女57%

Facebook
男56%　女44%

株式会社ガイアックス「主要SNSユーザー数データ資料」2020年3月　より作成

たとえば、50代男性がメインターゲットなら、InstagramよりFacebookを選ぼう!

メッセンジャーや個別リプライ、窓口などにおいて個別にユーザーとコミュニケーションをとることができる。SNSによっては他人に見えない形にもできるので、SNSを選ぶ際に意識しよう。

で可能!

販促

ユーザーサポート

Facebook・Twitter・LINE

`Twitter` `Instagram` `Facebook` `TikTok` `YouTube` `LINE` `Pinterest`

11 SNS同士も世界観を統一し、導線を作る

複数のSNSでアカウントを運営する際には、それらが上手く連動する形にしなければなりません。そのために必要なのは、アカウントへと誘導する導線です。

広告の世界などで行われているメディア戦略として、「**統合型マーケティング・コミュニケーション**」（以下、IMC）というものがあります。これはさまざまなメディアを通して統一されたイメージを伝えていくマーケティングの手法です。IMCの目的のひとつは、どのメディアでも同じメッセージを消費者に伝えるというものです。メディアによって商品イメージが異なると、マーケティングは上手くいきません。商品イメージがブレるのを防ぐために、IMCは各メディアでのマーケティング活動を戦略的に統合しているのです。

さまざまなSNSから導線を作る例

Facebook
プロフィール部分にほかのSNSのアカウントへのリンクを張っておく。投稿にリンクを張ることもできる。

メルマガ
ユーザー数は少なくなっているが、少なからずユーザーがいるのならリンクは必要。ほかのSNSアカウントの存在を紹介して、リンクへ誘導する。上手くいけばSNSへの移行も見込める。

Twitter
プロフィール部分にほかのSNSのアカウントへのリンクを張っておく。投稿にリンクを張ることもできる。

Pinterest
画像に対して外部リンクをつけることができる。

IMC は SNS マーケティングにおいても行われるべきでしょう。商品のメインのターゲット層に合った SNS を選んで注力していく際には、ほかの SNS にも目を向けなければいけません。たとえば、Instagram においてメインのマーケティング活動を展開している場合には、ターゲット層によってコンテンツは変えつつも、必ず同一のイメージとなるように気を付けましょう。また、ユーザーがさまざまな SNS から Instagram にアクセスしやすくなるように導線を引いておくこと。そのようにすることで、SNS を入り口に Instagram で商品購入をしてもらえるように設計できます。その場合、自社サイトには Instagram へのリンクをわかりやすく張り、Instagram 以外の SNS のアカウントのプロフィール欄にも Instagram のアカウントを記載するようにしましょう。

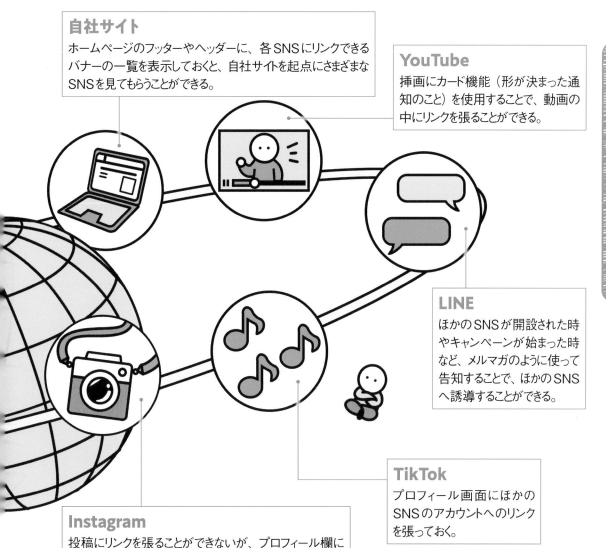

自社サイト
ホームページのフッターやヘッダーに、各 SNS にリンクできるバナーの一覧を表示しておくと、自社サイトを起点にさまざまな SNS を見てもらうことができる。

YouTube
挿画にカード機能（形が決まった通知のこと）を使用することで、動画の中にリンクを張ることができる。

LINE
ほかの SNS が開設された時やキャンペーンが始まった時など、メルマガのように使って告知することで、ほかの SNS へ誘導することができる。

TikTok
プロフィール画面にほかの SNS のアカウントへのリンクを張っておく。

Instagram
投稿にリンクを張ることができないが、プロフィール欄にほかの SNS のアカウントへのリンクを張ることができる。

12

Twitter Instagram Facebook TikTok YouTube LINE Pinterest

シェアされやすいユーザーの 関係性を可視化する

SNS 上ではさまざまな人がつながっています。その中でも、情報がシェアされやすい人間関係がプライベートグラフ、ソーシャルグラフ、インタレストグラフです。

多くの人たちが SNS 上でつながっています。実生活でも面識がある人同士でつながっていることもあれば、SNS 上でしか付き合いがない人同士がつながっていることもあります。その人間関係はさまざまですが、情報がシェアされやすいユーザー同士の関係性もあります。その関係性は、「**プライベートグラフ**」「**ソーシャルグラフ**」「**インタレストグラフ**」という 3 つのものです。なお、この「グラフ」という言葉は社会科学分野でのグラフ理論の用語であり、点と点との結合関係のことを指しています。

関係を表す 3 つのグラフ

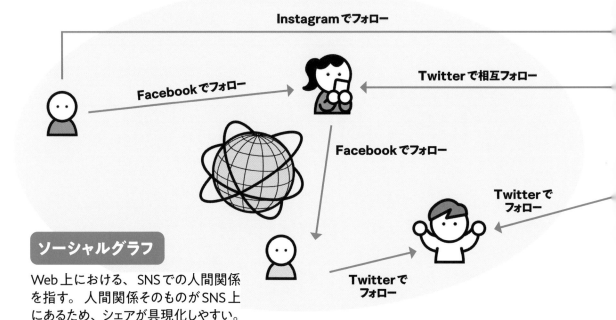

Instagram でフォロー

Twitter で相互フォロー

Facebook でフォロー

Facebook でフォロー

Twitter で フォロー

Twitter で フォロー

ソーシャルグラフ

Web 上における、SNS での人間関係を指す。人間関係そのものが SNS 上にあるため、シェアが具現化しやすい。

プライベートグラフは、その言葉どおり私的な人間関係です。仕事や公的な立場を離れた、友人、恋人、家族などの人間関係なので、より素に近い正直な考えが表れやすいのが、このプライベートグラフだと言えます。ソーシャルグラフはWeb上での人間関係のことなので、SNS上での関係性もここに含まれます。ソーシャルグラフでは人間関係がWeb上に反映されやすく、その関係性がシェアという形で表に出ます。ちなみに、現実社会でも直接関係しているつながりはリアルソーシャルグラフ、Web上だけでのつながりはバーチャルソーシャルグラフと呼ばれます。最後のインタレストグラフは趣味や興味、主義主張でつながった人間関係です。趣味や興味が共通項なので、消費行動に結びつきやすい関係性だと言えます。

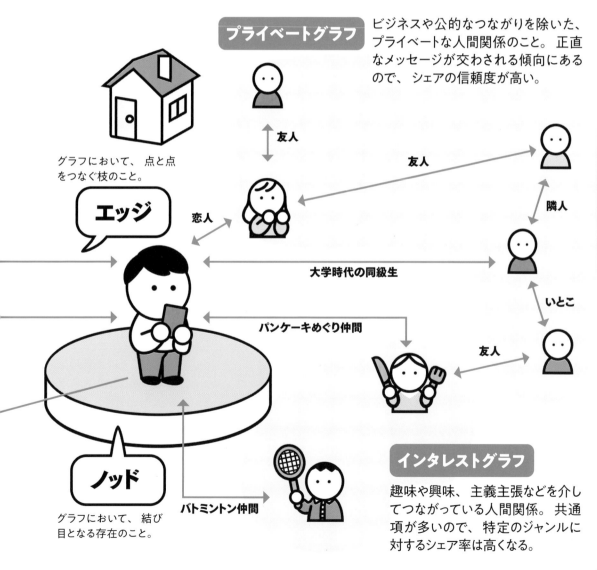

プライベートグラフ

ビジネスや公的なつながりを除いた、プライベートな人間関係のこと。正直なメッセージが交わされる傾向にあるので、シェアの信頼度が高い。

グラフにおいて、点と点をつなぐ枝のこと。

エッジ

友人

友人

恋人

隣人

大学時代の同級生

いとこ

パンケーキめぐり仲間

友人

ノッド

バトミントン仲間

グラフにおいて、結び目となる存在のこと。

インタレストグラフ

趣味や興味、主義主張などを介してつながっている人間関係。共通項が多いので、特定のジャンルに対するシェア率は高くなる。

覚えておきたい

SNS マーケティング 用語集 その③

ペルソナ

P63

人、人格という意味の言葉。マーケティングでは、自社商品のユーザーがどういう人なのか考えて、ユーザーのペルソナを明確にする。性別、年齢、職業、趣味嗜好などを決めて、架空のユーザーの人物像（ペルソナ）を設定すると、チーム内の意思統一にも役立つ。

KGI

P68

KGIとは「Key Goal Indicator」の略で、ビジネスにおける最終目標に関する概念。日本語では重要目標達成指標と訳され、最終目標をどの程度達成できたかを判断するための基準となる。売上高、利益率、成約件数などがKGIとなることが多い。

KPI P68

KPIとは「Key Performance Indicator」の略で、日本語では重要業績評価、重要経営指標などと訳される。KGIが最終目標であるのに対して、KPIは中間目標として設定されるもの。KPIを複数達成することで、ゴールであるKGIを達成することを目指す。

PDCA サイクル P76

業務を継続的に改善していくためのテクニック。業務におけるPlan（計画）、Do（実行）、Check（評価）、Action（改善）を、この順番で繰り返し、サイクルを回すことで課題や問題点を明らかにして、それらを改善し、目標達成を目指す。

エンゲージメント率 P78

SNSにおけるエンゲージメントとは、ある投稿に対しての「いいね!」やクリック、シェアなどの反応のこと。エンゲージメント率は、そのエンゲージメントが発生した割合を示す数値で、ユーザーの企業アカウントに対する共感や思い入れなどが表れる。

バーチャルソーシャルグラフ P85

人間関係のネットワークを意味する言葉で「ソーシャルグラフ」というものがある。ソーシャルグラフの中で、SNSなどWeb上で知り合った人たちの関係性のことを、バーチャルソーシャルグラフと呼ぶ。現実とは切り離された、ネット上だけの人間関係。

Chapter 4

SNS marketing
mirudake note

フォロワーの意味と
コミュニケーションの
キホンルール

SNSマーケティングをしていくうえで、絶対に外せないのは「フォ
ロワー」の存在です。SNS上での企業とフォロワーの関係性が、
SNSマーケティングの成功を左右すると言っても過言ではない
でしょう。

01

Twitter | Instagram | Facebook | TikTok | YouTube | LINE | Pinterest

「企業 to 多数」ではなく
「多数 to 多数」で拡散できる

従来のメディアでは、企業が多数の消費者に情報を発信していました。ですが、SNSでは多数のユーザーが多数のユーザーに向けて情報を発信するようになったのです。

テレビやラジオ、新聞、雑誌などの従来のマスメディアでは、情報を発信する者と受け取る者の関係の構図は、「1 対 n」（「n」は不特定多数の数を表しています）でした。情報はあくまで一方通行で送られていて、メディアからの情報を不特定多数の人々が受け取っていました。この構図は SNS においては変化したのです。メディアからの情報を受け取ったユーザーたちが、それぞれ個人で情報を拡散し、それを受け取ったユーザーたちがさらに拡散します。言ってみれば、「1 対 n 対 n」という構図になっているのです。

企業 to 多数の情報拡散

ね～こんなのあるって！

見るだけカンパニー

企業から発信した情報がひとりひとりのフォロワーあてに伝播されていく。そのため、**企業のフォロワー数が重要視されることが多い。**

一般ユーザーが活発に投稿を行うことで、「1対n対n」は「n対n」へと変化します。ここで重要なのは、「**UGC**」（User Generated Content ＝ユーザー生成コンテンツ）です。その名のとおり、UGC はユーザーが作り出したコンテンツのことで、SNS に投稿されたテキストや画像、EC サイトに書かれた購入者のレビューなどを指します。UGC は広告業界などで重視されていて、Apple も iPhone の広告で消費者が撮影した写真を活用しました。UGC が注目されているのは、企業が自社の商品をほめても消費者には受け入れられづらくなっているからです。消費者自身が商品を利用している様子を示した UGC のほうが、消費者に自然に受け入れられて、情報は n 対 n の形で自然発生的に広がっていくのです。

多数 to 多数の情報伝達

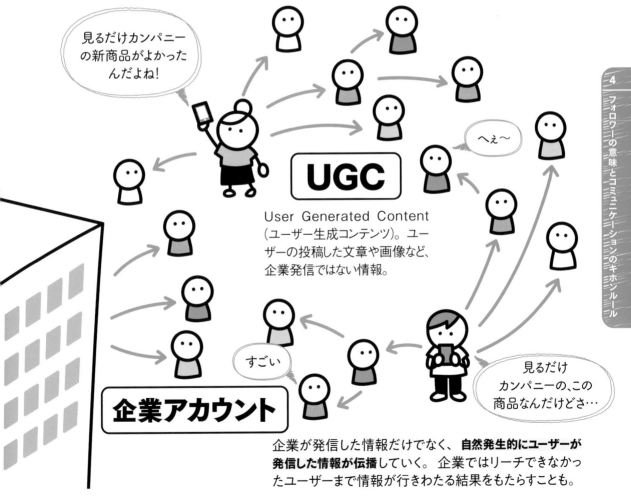

見るだけカンパニーの新商品がよかったんだよね！

へぇ～

UGC

User Generated Content（ユーザー生成コンテンツ）。ユーザーの投稿した文章や画像など、企業発信ではない情報。

すごい

企業アカウント

見るだけカンパニーの、この商品なんだけどさ…

企業が発信した情報だけでなく、**自然発生的にユーザーが発信した情報が伝播**していく。企業ではリーチできなかったユーザーまで情報が行きわたる結果をもたらすことも。

Twitter Instagram Facebook TikTok YouTube LINE Pinterest

02 フォロワーを増やす 4つの代表的な方法

SNS上で自社の情報を広く拡散させるためにも、フォロワーの数を増やさないといけません。増加のためにできる、主な4種類の方法を紹介します。

SNSアカウントを運営するうえで、フォロワーが0では情報が広まりません。Twitterにおいてフォロワー数が多ければ、それに比例してリツイートの数も増えて、情報がより広がるということは、デジタルマーケティング会社のオプトの調査でも明らかになっています。SNSマーケティングのために、フォロワー数を増やしましょう。フォロワー数を増やす代表的な方法は、以下の4種類です。ひとつ目は**自社での宣伝**です。自社の資産とは、各種ノベルティ、公式サイト、メールマガジン、広報誌などのことです。

フォロワーを増やすには

公式サイト

メールマガジン

リツイートで
プレゼント!

広報誌

①自社での宣伝
公式サイトやメールマガジン、広報誌などを使って、そこを見てくれる人に向けてSNSの存在をアピールしていくやり方。すでにこの会社に興味を持ってくれている人が対象なので、宣伝はしやすい。

**②プレゼント
キャンペーン**

2つ目の方法は、**プレゼントキャンペーン**です。「企業やブランドの公式アカウントをフォローして、ツイートをリツイートすると抽選でプレゼントがもらえる」というのが、キャンペーンの一例です。SNS ごとのキャンペーンのガイドラインに従うように注意してください。3つ目の方法は、**SNS広告**です。前述のひとつ目の自社の資産を活かした PR は、すでに自社ブランドや自社商品のことを認知している人に向けたものですが、こちらは自社のことを知らない人を対象にします。ファンを増やすことや投稿へのリーチを増やすことなどが、この広告の目的です（P168 参照）。4つ目の方法は、ターゲット層に支持されている**インフルエンサー**を起用して商品を取り上げてもらい、フォロワーを増やすというものです。

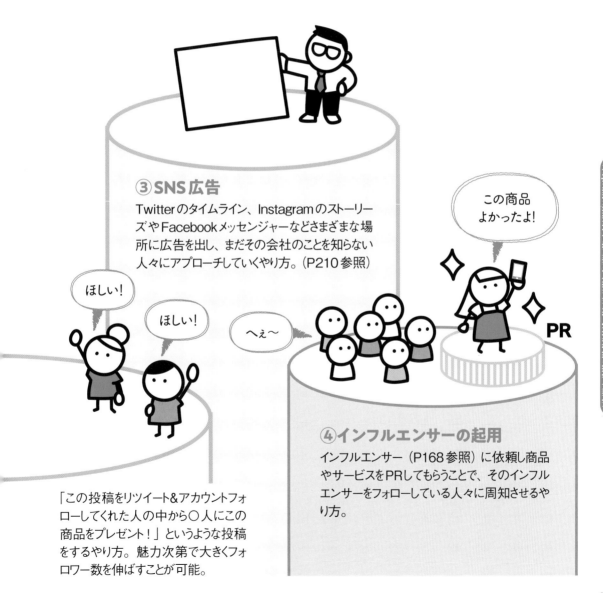

③SNS広告

Twitter のタイムライン、Instagram のストーリーズや Facebook メッセンジャーなどさまざまな場所に広告を出し、まだその会社のことを知らない人々にアプローチしていくやり方。（P210 参照）

ほしい！

ほしい！

へぇ〜

この商品よかったよ！

PR

④インフルエンサーの起用

インフルエンサー（P168 参照）に依頼し商品やサービスをPRしてもらうことで、そのインフルエンサーをフォローしている人々に周知させるやり方。

「この投稿をリツイート＆アカウントフォローしてくれた人の中から〇人にこの商品をプレゼント！」というような投稿をするやり方。魅力次第で大きくフォロワー数を伸ばすことが可能。

03

Twitter | Instagram | Facebook | TikTok | YouTube | LINE | Pinterest

フォロワーを増やすこと
以上に大事なこと

フォロワー数が多ければ多いほどいい……という訳ではありません。自社ブランドと自社商品のファンになる可能性のある人をフォロワーにしましょう。

SNSでフォロワーを増やすことは大事ですが、たくさんのフォロワー数がそのままよいSNSマーケティングに結びつく訳ではありません。「フォロワー数は多ければ多いほどいい」というのは、SNSマーケティングによくある誤解のひとつです。SNSマーケティングを行ううえで、自社アカウントのフォロワーを増やす目的は、「現在の自社商品のファンだけでなく、これからファンになる可能性のあるSNSユーザーにアプローチする」というものです。ファンになる可能性のある人でないと、フォロワーにしても意味はありません。

フォロワー数を増やすことが目的になると…

まずは
フォロワー数をとにかく
増やさなければ！

フォロワー数は多いのに、
なぜかみんな
シェアしてくれない…

SNSマーケティングはアカウント運用だけで構成される訳ではないのに、**フォロワー数を増やしてその人たちに企業から情報を発信する**ことだけにとらわれてしまっている。

単にフォロワー数を増やすだけでは、SNS マーケティングはよい成果を生みません。重視しないといけないのは、**フォロワーの "量"** ではなく、**"質"** です。では、**"質" のよいフォロワー**とは、どういう人なのでしょうか？　SNS マーケティングにおける "質" のよいフォロワーとは、自社アカウントの投稿に対して反応（**エンゲージメント**）を返してくれるフォロワーのことです。フォロワー数がたくさんでも、投稿への「いいね！」やコメントなどが少なければ、自社商品やブランドに対して共感しているフォロワーは少ないと言えます。商品やブランドに興味を持ち、商品を購入してくれる可能性があるフォロワー＝ "質" のよいフォロワーであり、そういう人たちを取り込んでいかないといけないのです。

ユーザーとの関わりを重視していると

フォロワー数も
大事だけど、ユーザーとの
関係性を大切にしよう

キャンペーン

投稿　　サポート

フォローしてくれる人は
弊社のファンだから、投稿に
対してシェアもしてくれるし、
UGCも発信してくれる！

顕在化しているユーザーとの関わりを大事にすることで、**発生したシェアやUGCが、潜在的なユーザーにアプローチしていった**。それにより、結果的にフォロワーは増えて、周知・集客も達成することができる。

04

Twitter Instagram Facebook TikTok YouTube LINE Pinterest

SNS 時代の消費者の行動モデル「AISARE」

消費者の行動を理解するための、行動モデルが存在します。その最新版 AISAS（アイサス）によって、SNS 時代の消費者の行動を理解することができます。

消費者の行動の規則性を理解すると、より的確なマーケティングを実行することが可能となります。従来のマーケティングでは消費者の行動プロセスを **AIDMA**（アイドマ）という概念で分析していました。Attention（注目）→ Interest（興味）→ Desire（欲求）→ Memory（記憶）→ Action（行動）という行動プロセスのことです。ネット普及後は Attention（注目）→ Interest（興味）→ Search（検索）→ Action（行動）→ Share（共有）という流れで展開する **AISAS**（アイサス）という概念も登場しました。

AISARE の流れ

Attention

「これは何だろう?」と注目すること。

Interest

注目したものに興味を持つこと。

Search

さらにその商品について調べてみること。

検索と共有の要素がある AISAS ですが、SNS 時代の消費者の行動をとらえるには十分ではありません。そこで生まれた新しい概念が **AISARE**（アイサレ）です。2008 年に Web マーケティングコンサルタントの押切孝雄氏が書籍『1時間でわかる 実践！ グーグル・マーケティング』で提唱したもので、Attention（注目）→ Interest（興味）→ Search（検索）→ Action（行動）までは、前述の AISAS と同じですが、ここから Repeat（リピート＝繰り返し購入）→ Evangelist（伝道者＝他人に広める）へと展開します。その商品・ブランドのファンになった消費者は継続的に購入し続け、しかも、その魅力を周囲に広げているのです。AISARE によって、商品・ブランドに引き寄せられた消費者の行動が理解できるのではないでしょうか。

「R」と「E」の過程が大事

> バズり（P143参照）による一時的なブームの場合は抜かされることもあるが、長期的に愛好されるためには欠かせない過程。シリーズ展開されているものを継続して買うのでもOK。

> Twitterにおけるリツイートや、Facebookにおけるシェアのこと。ユーザーが自発的にこの過程を行うことで、UGC（P91参照）が発生する。

Action

調べた商品を購入すること。

Repeat

その商品が気に入り、また購入すること。

Evangelist

ほかの人にその商品のよさを伝えること。

05 アンバサダーと UGC を増やして購買を促す

商品・ブランドのことが好きな人をアンバサダーとして起用します。アンバサダーたちによる SNS 上の口コミ効果で、よい評判が広がっていきます。

アンバサダーの投稿はUGCの一種

口コミを積極的に発信してくれるアンバサダーを企業が自ら育てていくプログラムが、最近になって登場している。

投稿
体験をしたアンバサダーに、各SNSで新商品情報やイベントの様子などを発信してもらう。

募集
企業がアンバサダーになりたい人を募集する。

体験
商品に対する理解を深めるイベントの開催や、アンバサダー同士のコミュニティを作り、愛着を深めてもらう。

新商品
いいね

商品やブランドのファンを増やすための有効な方法として知られているのが、**アンバサダー**の起用です。アンバサダーは日本語に訳せば「大使」ですが、マーケティング用語としては「自社の商品やブランドに対して強い関心を持ち、口コミなどを積極的に行ってもらうように企業から任されたユーザー」を意味します。区別が難しい意味合いの言葉として「インフルエンサー」があります。インフルエンサーは芸能人・有名人など、知名度が高く世間に与える影響力が強い人物がなることが多い一方、アンバサダーのほうは積極的で自発的なＰＲが要求されるので、「商品やブランドに対する熱量」が重要視されます。

そのため、SNS マーケティングでのアンバサダーは、必ずしも有名人である必要はありません。SNS 上で募集したり、アンケートで「周囲に商品をすすめたい」と回答した人たちに呼びかけたりして、集まった人たちにアンバサダーになってもらうのも、よい方法です。ユーザーに近い立場のアンバサダーの SNS 上への投稿は UGC（P91 参照）の一種なので、企業アカウントの投稿よりも共感を得られやすいという強みがあります。アンバサダー限定イベントを定期的に実施したり、アンバサダー同士の交流コミュニティを作ったりすることで、アンバサダーの商品・ブランドに対するファン度を常に高めていくことも重要です。

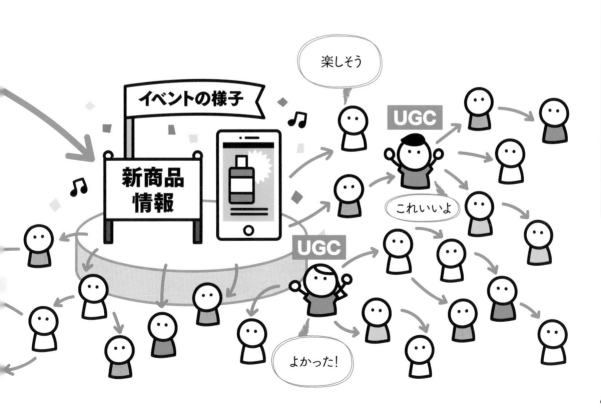

06

Twitter Instagram Facebook TikTok YouTube LINE Pinterest

ユーザー好感度を
アップさせるためのキホン

投稿をシェアしてもらい、拡散してもらうためにも、好感を持たれる投稿を心がけましょう。
そのためにはおさえておくべきポイントがいくつか存在します。

ユーザーから好まれる投稿をしないと、情報は拡散されません。ユーザーに好感度を持たれるためには、読みやすい文章を書くことを心がけてください。ちょうどいい文章量にすることも大事です。想定しているターゲット層に合わせた文体にすることも忘れないようにしましょう。投稿は文章だけというのは望ましくありません。画像つきのほうが「いいね！」などの反応が得られるので、投稿は文章だけでなく、画像つきにします。画像がつくことで投稿への注目度が高まるだけでなく、投稿の内容も理解してもらいやすくなるのです。

ユーザーへのアプローチのために考えるべきこと

ユーザーの好感度を上げるためには、アプローチの方法を考える必要がある。その際に4つのポイントを意識しよう。

ユーザーの年齢層を考える

たとえば、50代の男性に向けてTikTokを使ってアプローチしても、好感度はそんなに上がらない。常に、一番リーチするSNSを選んで使う必要がある。

企業側から一方的に情報を発信するだけの投稿では、ユーザーからの支持は得られません。クイズやアンケートなどの要素を入れた投稿でユーザーと**コミュニケーション**をとると、好感度が上がります。アカウントの担当者がユーザーと積極的に交流して、親しみを持ってもらうのもよいでしょう。好感度を上げることで、投稿はユーザーからシェアされやすくなります。シェアされた投稿は広告よりも信頼度が高くなるというデータがあるので、ユーザーから好感を得ることは非常に重要です。ただし、投稿が広告・宣伝と見られないように十分に配慮しないといけません。「なんだか広告・宣伝っぽいな」とユーザーが感じた投稿は、それだけで魅力を失ってしまうものなのです。

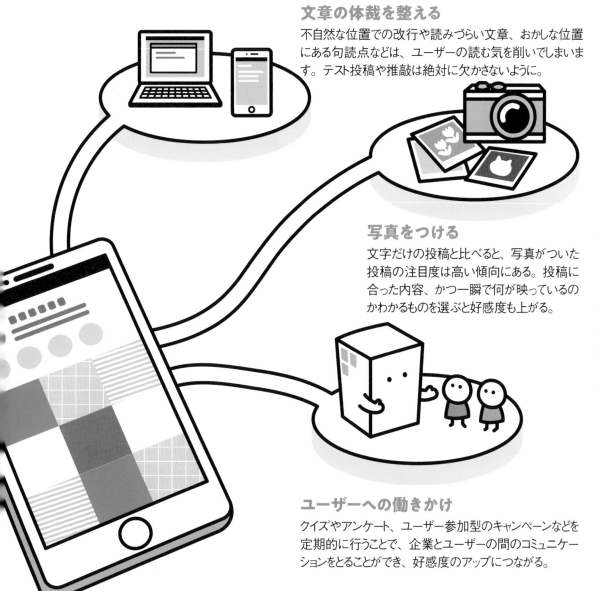

文章の体裁を整える

不自然な位置での改行や読みづらい文章、おかしな位置にある句読点などは、ユーザーの読む気を削いでしまいます。テスト投稿や推敲は絶対に欠かさないように。

写真をつける

文字だけの投稿と比べると、写真がついた投稿の注目度は高い傾向にある。投稿に合った内容、かつ一瞬で何が映っているのかわかるものを選ぶと好感度も上がる。

ユーザーへの働きかけ

クイズやアンケート、ユーザー参加型のキャンペーンなどを定期的に行うことで、企業とユーザーの間のコミュニケーションをとることができ、好感度のアップにつながる。

07

Twitter Instagram Facebook TikTok YouTube LINE Pinterest

「いいね！」「フォロワー」「リツイート」を増やすには？

自社アカウントを運営して、マーケティングを成功させるためには、フォロワーを増やして、「いいね！」やリツイートなどの反応をもらわなければいけません。

SNSマーケティングで成果を上げるためには、フォロワーを増やす必要があります。そして、P94〜95で紹介したように、そのフォロワーに「**いいね！**」や**リツイート**で反応してもらわなければなりません。フォロワーを増やす方法としては、「ほかのフォロワーをフォローする」というものがあります。ただし、無差別なフォローはマーケティングにとってプラスになりません。フォロワーの"質"を見極めて、商品・ブランドに興味を持ってくれそうなユーザーをフォローするようにしてください（P94参照）。

いいね・フォロワー・シェアが増える利点

このページではTwitterを例として挙げているが、FacebookやInstagramでも、同じようにフォロワーやいいねなど、共通しているシステムでは同じことが言える。

フォロワーが増えた！

アカウントの購読者数の増加
フォロワーとは、ツイートを閲覧するために、そのアカウントをフォローしてくれている人。このフォロワーの数が多いほど、より多くのユーザーに届く可能性が高くなる。

「いいね！」とリツイートを増やすための一番の方法は、フォロワーを増やすことにもつながりますが、投稿の質を上げることです。ユーザーに共感される質のよい投稿をすれば、「いいね！」とリツイートの数も増えていくはずです。P100 〜 101で紹介した、ユーザーから好感を持たれる方法を、ぜひ参考にしてください。投稿の質を上げること以外の「いいね！」とリツイートを増やす方法としては、自社アカウントのツイートに対して「いいね！」やリツイートをしてくれたユーザーに反応を返すというものがあります。お礼のリプライをする形でユーザーとコミュニケーションをとるなどすれば、ユーザーの自社アカウントに対する好感度はさらに上昇し、次の「いいね！」やリツイートに結びついていくことでしょう。

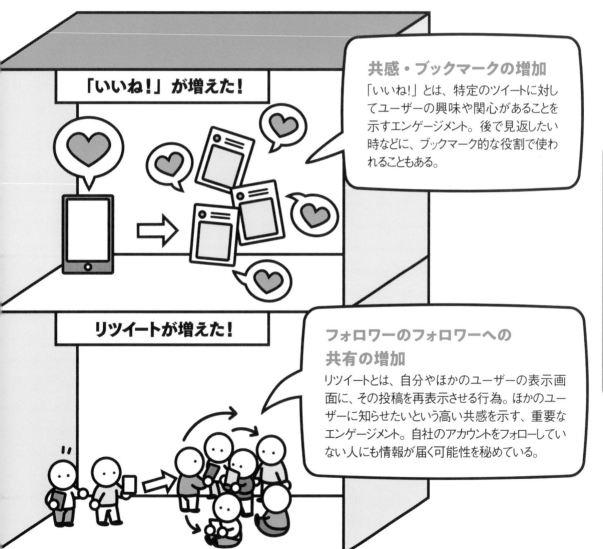

「いいね！」が増えた！

共感・ブックマークの増加
「いいね！」とは、特定のツイートに対してユーザーの興味や関心があることを示すエンゲージメント。後で見返したい時などに、ブックマーク的な役割で使われることもある。

リツイートが増えた！

フォロワーのフォロワーへの共有の増加
リツイートとは、自分やほかのユーザーの表示画面に、その投稿を再表示させる行為。ほかのユーザーに知らせたいという高い共感を示す、重要なエンゲージメント。自社のアカウントをフォローしていない人にも情報が届く可能性を秘めている。

08

Twitter Instagram Facebook TikTok YouTube LINE Pinterest

ユーザーへの「からみ」が企業への愛着につながる

ファンを増やすために、ユーザーと積極的に交流しましょう。ユーザーとのコミュニケーションの手段としては、さまざまなものがあります。

情報を一方的に発信しているだけでは従来のメディアと同じですから、SNSを利用する意味がありません。ユーザーと積極的にコミュニケーションをとれば、自社商品や自社ブランドに対して親しみや好意を持ってもらえて、ユーザーがファンになる可能性も上昇します。コミュニケーションの方法としては、「ユーザーに返信する」、Twitterなら「リツイートしてくれたユーザーと交流する」「ユーザーのツイートを**引用リツイート**する」などがあります。リツイートする際は、ユーザーがこちらに悪意を持っていないかどうかも確認してください。

さまざまなユーザーとのコミュニケーションの方法

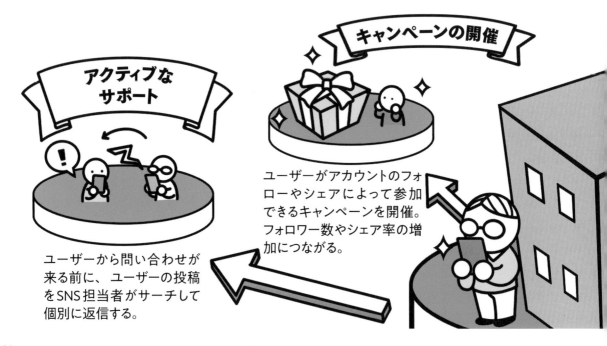

アクティブなサポート

ユーザーから問い合わせが来る前に、ユーザーの投稿をSNS担当者がサーチして個別に返信する。

キャンペーンの開催

ユーザーがアカウントのフォローやシェアによって参加できるキャンペーンを開催。フォロワー数やシェア率の増加につながる。

P67で紹介したSNS上での**ユーザーサポート**も、コミュニケーションの方法のひとつです。SNS上で商品・サービスについて疑問点を書いているユーザーがいたら、こちらからアプローチしましょう。この場合、不満を書いているユーザーにも丁寧に対応すれば、マイナスイメージを払拭することができます。ユーザーがよろこぶコミュニケーション方法としては、抽選でプレゼントが当たるキャンペーンも試す価値があります。プレゼントキャンペーンはフォロワーを増やす高い効果があるのです。ただし、現金や商品券などの誰でもよろこぶプレゼントではなく、商品・ブランドのファンがよろこぶものをプレゼントに選んでください。そうすることで、"質"の高い新たなフォロワーを獲得することができるのです。

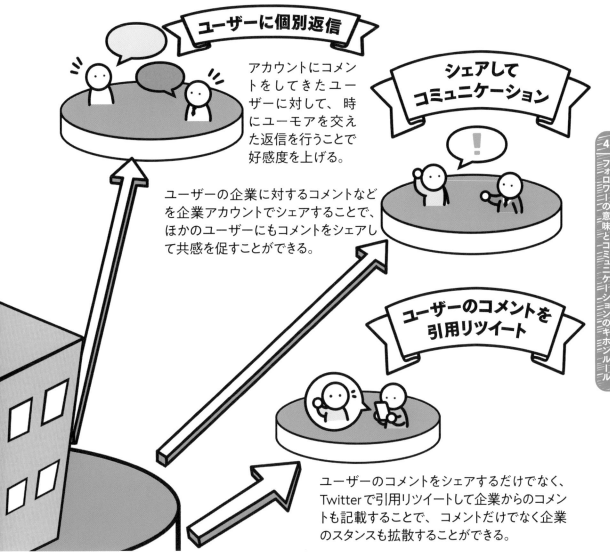

ユーザーに個別返信

アカウントにコメントをしてきたユーザーに対して、時にユーモアを交えた返信を行うことで好感度を上げる。

シェアしてコミュニケーション

ユーザーの企業に対するコメントなどを企業アカウントでシェアすることで、ほかのユーザーにもコメントをシェアして共感を促すことができる。

ユーザーのコメントを引用リツイート

ユーザーのコメントをシェアするだけでなく、Twitterで引用リツイートして企業からのコメントも記載することで、コメントだけでなく企業のスタンスも拡散することができる。

09

Twitter Instagram Facebook TikTok YouTube LINE Pinterest

「中の人」で
親しみやすさを演出する

アカウントを運営して、投稿を行う担当者＝「中の人」。企業の人気アカウントのような中の人になるためには、どうすればいいのでしょうか？

ネット上のスラング（隠語）で、キャラクターを演じている人やサービスを運営している人のことを「**中の人**」と言いますが、SNS のアカウントを運営し、実際に投稿する担当者も中の人と呼ばれています。企業の公式アカウントには、個性を発揮して面白い投稿を連発して人気を獲得している、中の人もいます。健康計測機器のタニタ、家電のシャープの中の人などが、その例です。イメージキャラクター "ポンタ" のほのぼのとした日常を描く、Ponta ポイント（ローソンなどの共通ポイント）のアカウントのようなパターンもあります。

キャラクターが生まれるまで

運用目的やカテゴリを明確にする

ただキャラが立っていればOKという訳ではない。目的によって即した形が変わってくるため、下準備として、まずはそもそものアカウントの運用目的を明確にする。また、商品紹介なのか情報を提供するのか、投稿のカテゴリも最初に決めておく。

人気の中の人になるための第一歩として、まずはアカウントの**運用目的**を明確にしましょう。商品の販売促進なのか、ブランドの知名度の向上なのか、目的をハッキリさせておきます。その目的によって投稿の内容も変わってきますし、ふさわしいアカウントの人物像も変わってきます。次に決めるのは、アカウント上での中の人のキャラクター設定です。キャラクターを詳細に作り込むことで、文章の口調を丁寧な「○○ですよ」というものにするか、くだけた「○○だよ☆」というものにするかなども確定します。投稿は画像つきのものが効果的なので、どういう画像を投稿するかという基準も設けます。更新頻度もアカウントの特色となるので、頻繁に投稿するか、決まった時間に投稿するかなどを、事前に決めておきましょう。

投稿するにあたっての
企業としてのスタンスを決めておく

更新頻度や画像投稿の規格などをしっかり決めておく。こういった共通のルールをきちんと設定することで、アカウントとしてのキャラクターがしっかりと立ち、より効果的なユーザーとのコミュニケーションにつながる。

キャラクターを詳しく設定する

下準備をしっかり固めてから、キャラクターを設定する。語尾や性格を特徴的にしたり、アカウントの宣伝用キャラを作り、そのイラストを窓口にしたりする方法もある。設定を作り込むことで、より「実在感」が増し、ユーザーの共感を得ることができる。

10

Twitter Instagram Facebook TikTok YouTube LINE Pinterest

ハッシュタグでつながりを 生み情報を拡散する

Instagram を始めとした SNS で活用されているハッシュタグ。情報を拡散したり、自社ブランドの認知度を高めるのに役立ちます。

ハッシュタグの種類

世間的に広く認知されている単語に関連したタグ。抽象度が高く、広く一般的なものに対して言われ、使われている数も多い。

投稿する写真に対する商材や、場所などのカテゴリを入れたタグ。ビッグタグより具体性があり、数は少ない。

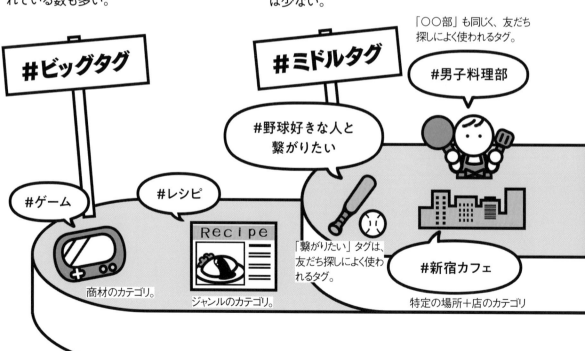

「○○部」も同じく、友だち探しによく使われるタグ。

#ミドルタグ

#男子料理部

#野球好きな人と繋がりたい

#ビッグタグ

#ゲーム

#レシピ

「繋がりたい」タグは、友だち探しによく使われるタグ。

#新宿カフェ

商材のカテゴリ。

ジャンルのカテゴリ。

特定の場所＋店のカテゴリ

あるキーワードに「#」という記号をつけることで、そのキーワードに関する投稿を検索することが容易となる**ハッシュタグ**。ある事柄がSNS上で流行すると、そのキーワードのハッシュタグがついた投稿が盛んに行われるようになるので、ブームの盛り上がりが明確に示されるという特徴もあります。もともとはTwitterで使われ始めたハッシュタグですが、特にInstagramのユーザーに愛用されています。拡散力が低いInstagramではハッシュタグを活用することで、フォロワー以外にもコンテンツを届けることが可能になります。

自社ブランドや商品に関するハッシュタグの投稿が増えると、多くのユーザーの目に留まりやすくなって拡散もされやすくなります。ハッシュタグを効果的に活用する方法として、人気インフルエンサーが使っているハッシュタグと同じものを利用して投稿するというものもあります。たとえば、「#春コーデ」のファッションが話題になっていたら、「#春コーデ」と一緒に「#○○（自社ブランド）」というハッシュタグで投稿すれば、自社ブランドの認知度を上げることができるのです。ただし、人気のハッシュタグを利用するのがベストとは限りません。人気のハッシュタグは競合する投稿が多いため、自分の投稿が埋もれがちという欠点もあるのです。検索するユーザー目線で、最適のハッシュタグを選択する必要があります。

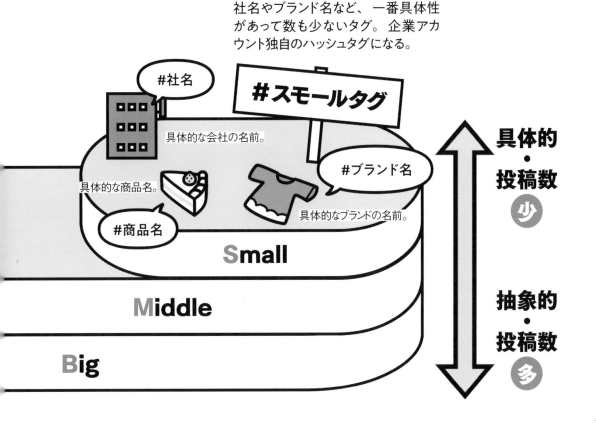

社名やブランド名など、一番具体性があって数も少ないタグ。企業アカウント独自のハッシュタグになる。

#社名

#スモールタグ

具体的な会社の名前。

#ブランド名

具体的な商品名。

#商品名

具体的なブランドの名前。

Small

Middle

Big

具体的・投稿数 少

抽象的・投稿数 多

11

Twitter　Instagram　Facebook　TikTok　YouTube　**LINE**　Pinterest

チャットにより満足度の高い サポートを提供

LINE のさまざまな機能を活用すれば、ユーザーの問い合わせに 24 時間自動で応答したり、個別の問い合わせに丁寧に回答することも可能となります。

ユーザーサポートでも活用できる SNS。その中でも LINE はユーザーサポートで活用できる機能が充実しています。そのひとつが**自動応答メッセージ**です。自動応答メッセージはメッセージが届いたら、事前に設定しておいたメッセージを自動的に返信する機能で、ユーザーからの問い合わせに 24 時間対応できます。キーワードを設定しておくことで、そのキーワードに対応したメッセージを返答することもできるので、簡単な FAQ やナビゲーションも可能。なお、LINE は従量課金制ですが、自動応答メッセージは送数にカウントされず、無料で何回も送れます。

自動メッセージでユーザーをサポート

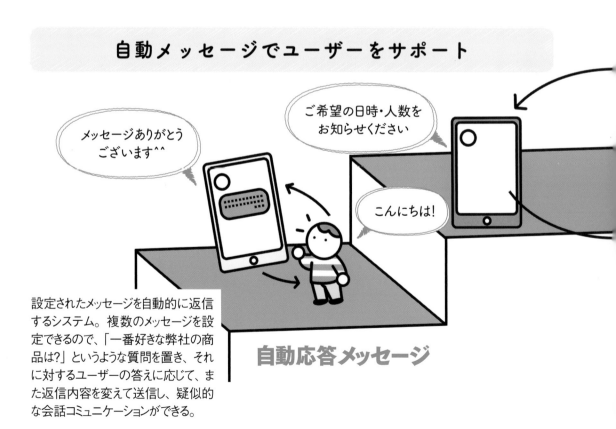

ご希望の日時・人数をお知らせください

メッセージありがとうございます^^

こんにちは！

設定されたメッセージを自動的に返信するシステム。複数のメッセージを設定できるので、「一番好きな弊社の商品は?」というような質問を置き、それに対するユーザーの答えに応じて、また返信内容を変えて送信し、疑似的な会話コミュニケーションができる。

自動応答メッセージ

進化したチャット機能に**スマートチャット**というものもあります。これは、基本的なやりとりはAIによる自動応答メッセージで反応しますが、AIで判断できないことは担当者とのチャットに切り替えてユーザーをサポートするものです。自動メッセージで問題が解決されず困っているユーザーを積極的にサポートしていくことができるうえ、自動メッセージで解決できることはそれで解決し人件費の削減にもなる、非常に魅力的なシステムです。オプション機能の**Messaging API**を使うと、各ベンダー企業が持つシステムと連動させることも可能です。たとえば、ヤマト運輸はユーザーの問い合わせに対して配達状況を自動で通知できるようにしています。ただし、こうしたサービスの設置には専門的な知識が必要です。

IDと連携して再配達の手配や配達状況のお知らせを自動で行う

送り状番号

再配達したい

予約したいんですけど

スマートチャット

基本的なやりとりはAIによる自動応答メッセージで反応して、AIで判断できないことを手動のチャットに切り替えてサポートするシステム。自動返信とチャットモードの併用ができるので、トークルームでユーザーの反応を見つつ切り替えることができる。

Messaging API

Messaging APIとは、基本機能とは別にさまざまな機能を追加することができるシステム。上に挙げたヤマト運輸の例では、トーク画面からクロネコIDと連携して荷物の再配達連絡を受けたり、送り状番号を送って配送状態を知ったりすることができる。

12 ベストな投稿の頻度と時間とは？

ユーザーが見ていない時間帯に投稿しても、マーケティングの効果は得られません。
適切なタイミングを選んで、投稿するようにしましょう。

ベストなタイミングとは？

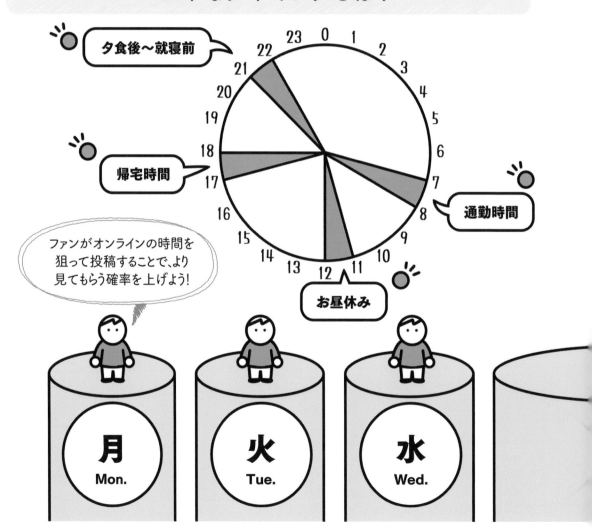

夕食後〜就寝前

帰宅時間

通勤時間

お昼休み

ファンがオンラインの時間を
狙って投稿することで、より
見てもらう確率を上げよう！

月 Mon.　　火 Tue.　　水 Wed.

SNSは24時間いつでも投稿できますが、ユーザーのアクセス数が少ない時間帯は避けたほうがよいでしょう。投稿のタイミングとして望ましいのは、通勤時間（7〜8時）、ランチタイム（11〜12時）、帰宅時間（17〜18時）、夕食後〜就寝前（21〜22時）です。この中でもベストと言われているのは21時頃なのですが、業種や商品によってベストな時間帯は変わってきます。たとえば、飲食店などのアカウントであれば、ユーザーが空腹になる、お昼時、夕食時を狙えば、自分のところの商品やサービスをより強くアピールできます。

投稿する日にちに関しては、投稿が増える曜日は避けたほうがよいでしょう。週末の金〜日曜日はイベントなどが多く開催されるため、投稿が増えます。投稿が埋もれてしまう可能性があるので、週末の投稿はできるだけ避けるようにしましょう。「絶対にこの日時に投稿しないといけない」というタイミングがある場合は、**予約投稿機能**を活用してください。投稿に関しては、どれだけのペースで投稿するかという頻度も重要です。適切な投稿頻度はSNSごとに変わってきますが、Facebookなら週に1〜2回程度がよいでしょう。Instagramは通常投稿は2日に1回程度、ストーリーズは1日1回以上がオススメです。TwitterはFacebookやInstagramに比べるとフィードの流れが速いので、1日5回以上を目標に投稿するとよいでしょう。LINEのメッセージ配信は、ブロックされることを避けるためにも週1回程度がオススメです。

予約投稿で、ベストな時間の投稿を狙って！

金曜日夜〜土日は一般の人たちでも投稿する数が格段に増えるため、企業が投稿してもその中に埋もれてしまいがちに…

木 Thu.　金 Fri.　土 Sat.　日 Sun.

Twitter | Instagram | Facebook | TikTok | YouTube | LINE | Pinterest

13 定期的な投稿を継続するには

定期的な投稿を続けるためには、行き当たりばったりではなく、スケジュールに沿って、事前に投稿するテキストと画像を仕上げておくようにします。

SNSでブランドと商品の認知度を上げるためには、継続して投稿を続ける必要があります。投稿がたびたびユーザーの目に触れることで、ユーザーは自社ブランド・商品を知るようになるのです。不定期な投稿では効果が出ないので、「○曜日と▲曜日に必ず投稿する」というように、**定期的な投稿**を行わないといけません。アカウントを作る前には、**投稿スケジュール**も作ります。「投稿するネタが見つかったから投稿する」というのではなく、必ずスケジュールに従って投稿していくようにしてください。

Excelやスプレッドシートの場合の投稿スケジュール作成例

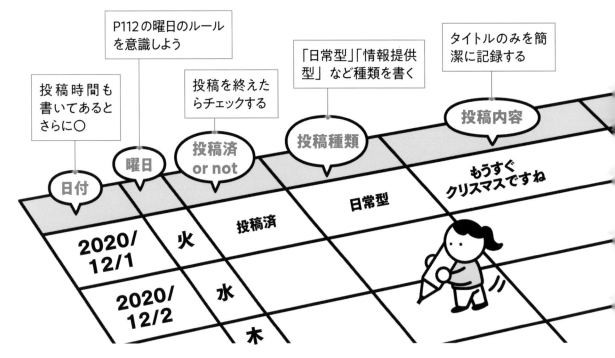

投稿スケジュールは、Excel、Google のスプレッドシート、Trello などのツールで管理します。これらの管理ツールで、投稿する日時、投稿内容などを書き込みます。外部スタッフがアカウント運営を行う場合は、管理ツールで作成したスケジュールを共有するようにします。投稿スケジュールは 1 ヵ月単位で作成しましょう。投稿するテキストや画像に関しては、前月末までに完成させておくのが理想です。もちろん、その時の状況によっては投稿する内容を変更することもあります。投稿内容の延期や差し替えが発生した場合には、その都度、スケジュールを変更します。Instagram の場合は、急遽、投稿しないといけない内容ができた時は、ストーリーの投稿で対応してもよいでしょう。

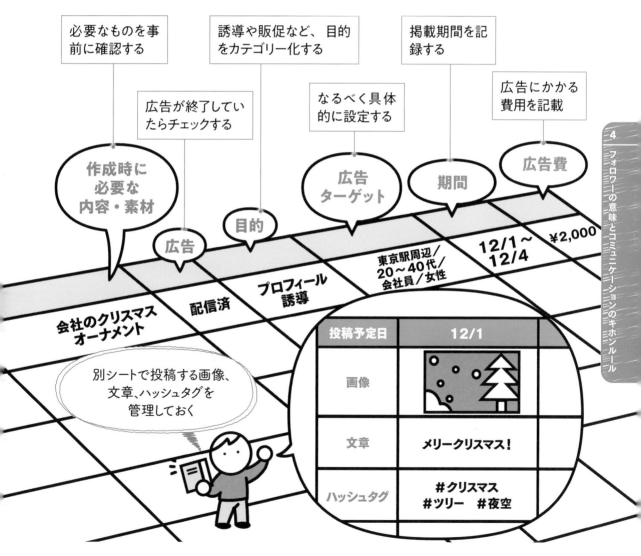

必要なものを事前に確認する

誘導や販促など、目的をカテゴリー化する

掲載期間を記録する

広告にかかる費用を記載

広告が終了していたらチェックする

なるべく具体的に設定する

作成時に必要な内容・素材

広告ターゲット

期間

広告費

広告

目的

東京駅周辺／20〜40代／会社員／女性

12/1〜12/4

¥2,000

配信済

プロフィール誘導

会社のクリスマスオーナメント

別シートで投稿する画像、文章、ハッシュタグを管理しておく

投稿予定日	12/1	
画像		
文章	メリークリスマス！	
ハッシュタグ	#クリスマス #ツリー #夜空	

Twitter Instagram Facebook TikTok YouTube **LINE** Pinterest

QRコードや呼び込み機能、広告を使ってユーザーを増やす

自社アカウントに誘導するために QR コードなどが活用できますが、あまりにフォロワーになってほしい思いを前面に出すとユーザーからブロックされる危険性も。

SNS のアカウントへ誘導する方法として、便利なのが **QRコード**です。たとえば、LINE の自社アカウントにユーザーを誘導したい場合、ユーザーが訪れたリアル店舗でアカウント登録してもらうために、店に QR コードを載せたポップを置いたりポスターを貼ったりするのはよい手段です。割引などのお得なサービスをつけると登録率はアップします。ひとりでゆっくりできるトイレやスマホを取り出すレジ付近に掲示するのも効果的です。可能ならフリーペーパーやチラシ、雑誌の広告などにも QR コードを掲載しましょう。

ユーザーを増やす方法

友だち追加特典をつける
来店した時は大きなチャンス。クーポンや割引などの魅力をつけて、店員が直接ガイドすると追加する可能性は高くなる。

QRコードのアクセスを随所につける
スマートフォンのカメラにかざすだけで簡単に登録ができるため、ユーザーの目が向きそうないろいろな場所につけておく。

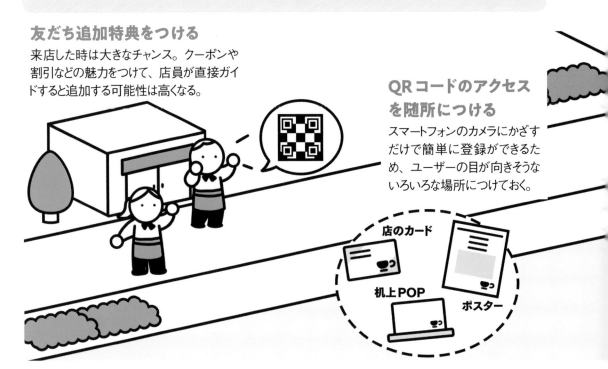

ユーザーを増やすためにできることは何でもやるべきですが、ユーザーから**ブロック**されないように気を付けないといけません。商品が売れなければマーケティングの意味はありませんが、販促の要素を前面に出しすぎると押し売りのようになってしまい、ブロックされる確率が上がってしまいます。

LINEでは、メッセージがスマホのホーム画面などに表示される**プッシュ通知**という機能が使えます。アプリを開いていなくてもメッセージが表示される便利な機能ですが、深夜や早朝に送ったり、何度もメッセージを送ったりすると、迷惑に感じたユーザーからブロックされてしまう危険性があるので要注意です。

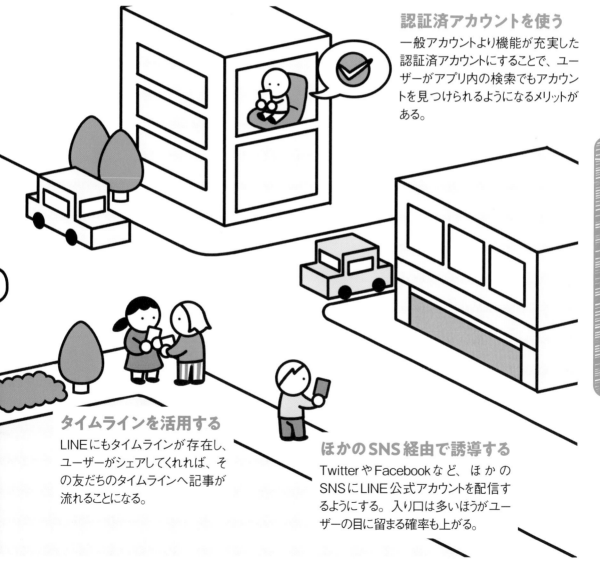

認証済アカウントを使う

一般アカウントより機能が充実した認証済アカウントにすることで、ユーザーがアプリ内の検索でもアカウントを見つけられるようになるメリットがある。

タイムラインを活用する

LINEにもタイムラインが存在し、ユーザーがシェアしてくれれば、その友だちのタイムラインへ記事が流れることになる。

ほかのSNS経由で誘導する

TwitterやFacebookなど、ほかのSNSにLINE公式アカウントを配信するようにする。入り口は多いほうがユーザーの目に留まる確率も上がる。

15 キャンペーンでフォロワーを呼び込む

プレゼントキャンペーンは、ブランド・商品の認知度をアップさせるうえで有効ですが、各SNSのガイドラインを守り、ユーザーが主役になれるようにしないといけません。

SNSで実施する**プレゼントキャンペーン**は、非常に有効です。魅力的なプレゼントを用意し、その応募条件としては、「アカウントをフォローする」「投稿に『いいね！』をする」「指定されたハッシュタグを使って投稿する」などがあるので、キャンペーンを行う側が望むエンゲージメント（反応）が得られます。P105で解説したとおり、万人がよろこぶプレゼントではなく、自社ブランド・商品のファンになってくれそうな層がよろこぶプレゼントを用意すれば、"質"の高いフォロワーを集めることが可能となります。

ユーザー主役でないキャンペーン

一方的なキャンペーンは逆にユーザーの反感を買ってしまう可能性も

キャンペーンを行う際に注意しないといけないのは、SNSごとに従わないといけないガイドラインがあるということです。たとえば、Twitterでは「キャンペーンに何度も応募するために複数のアカウントを作成すること」「同じ内容のツイートを繰り返させること」が禁じられていますし、Facebookでは「タイムラインでシェアしてプロモーションに参加」「友だちのタイムラインでシェアしてさらに抽選枠を獲得」「投稿に友だちをタグ付けしてプロモーションに参加」といったことを応募条件にすることが禁止されています。また、キャンペーンではユーザー目線を忘れないことも大事です。応募を通してユーザーが企画に参加して、主人公になれるキャンペーンのほうが好まれることを意識してください。

ユーザー主役のキャンペーン

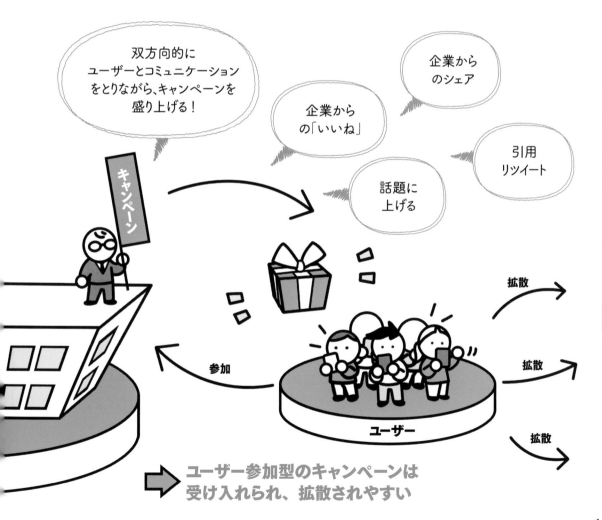

ユーザー参加型のキャンペーンは
受け入れられ、拡散されやすい

Twitter　Instagram　Facebook　TikTok　YouTube　LINE　Pinterest

16 ユーザーによる投稿で
集客へつなげる

若者を中心に人気のショート動画共有コミュニティのTikTok。たくさんの人が夢中になっているので、効果的に利用すれば集客や販促にも役立ちます。

15秒から1分ほどの短い動画を投稿できる、動画共有サービスのTikTok。動画を見たり、投稿するだけでなく、世界中のさまざまな人とつながることができるコミュニティとしての側面もあります。若年層を中心に人気を博していて、今やビジネスパーソンも無視できない存在となっているTikTokには、ビジネス面においても多くの可能性があります。そのひとつが**集客プラットフォーム**としての効果です。TikTokを活用することで人が集まる仕組みを作って、販促や集客につなげることができるのです。

TikTokにおけるユーザー投稿の例

企業によるテーマ設定

企業がテーマを決めて動画の募集を募る。季節やイベントに絡めてさまざまなテーマを投稿することで、ユーザーも飽きることなく参加ができる。また、自社や自社製品をテーマにすることで宣伝につなげることも可能。

今回のテーマは
「クリスマス」です!

ユーザーが制作したコンテンツであるUGCは消費者にアピールしてマーケティングでも役立つと、P91でも紹介しましたが、TikTokはまさにUGCの宝庫です。TikTokでは企業が決めたテーマの動画を募集するというキャンペーンが行われていますが、自社ブランド・商品をテーマとした動画を募集することも可能です。募集に関してのテーマや応募要項などを自社サイトに書いて誘導し、さらにTwitterやInstagramなどのほかのSNSでも動画の募集をして、キャンペーンに広がりを持たせるということもできるでしょう。キャンペーンで募集する動画には複数のハッシュタグをつけて、話題になりそうなキーワードや自社ブランド・商品の名前も入れるようにすれば、ブランド・商品の認知度が高まります。

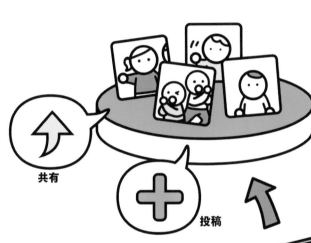

イベントが拡散され動画がたくさん投稿される

イベントの拡散によって動画が投稿され、そして動画の投稿によってイベントもさらに拡散されていく。また、企業サイトやほかのSNSにも募集要項を掲載し、ハッシュタグで誘導する形にすれば、さらに拡散を狙うこともできる。

共有

投稿

ユーザーが動画を作成する

テーマに沿ってユーザーが動画を撮る。企業によってあらかじめテーマが設定されるとユーザー側は動画が作り込みやすくなるため、投稿数が増えるというメリットがある。

投稿された動画を見て別のユーザーも参加する

投稿された動画を見て、別のユーザーも「面白い」と感じれば、またそのユーザーも動画を作成して参加する可能性が生まれてくる。

17 ユーザーの心が離れる やってはいけない投稿

Twitter Instagram Facebook TikTok YouTube LINE Pinterest

ユーザーからの共感や好感を得ることが大事な SNS マーケティングでは、ユーザーから嫌われてしまうような投稿は避けなければなりません。

情報が一気に拡散する SNS では悪い評判も拡散されるので、**ユーザーから嫌われる投稿**は避けましょう。ユーザーに嫌われる危険性のある、やってはいけない投稿には、いくつかのパターンがあります。そのひとつ目は、他人に対する誹謗中傷です。誹謗中傷の対象となった人だけでなく、多くの人から反感を買うことでしょう。2つ目はネガティブな内容です。マイナスイメージのある言葉は使わないほうがいいでしょう。冗談のつもりの自虐なども、ユーザーから誤解されてしまう危険性があります。

やってはいけない9つの投稿

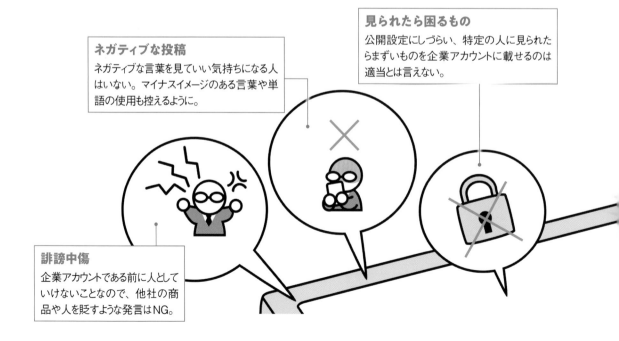

ネガティブな投稿
ネガティブな言葉を見ていい気持ちになる人はいない。マイナスイメージのある言葉や単語の使用も控えるように。

見られたら困るもの
公開設定にしづらい、特定の人に見られたらまずいものを企業アカウントに載せるのは適当とは言えない。

誹謗中傷
企業アカウントである前に人としていけないことなので、他社の商品や人を貶すような発言はNG。

3つ目は非公開設定の投稿です。ビジネスのためのアカウントなのですから、その投稿は基本的に誰でも見られる状態でなければいけません。4つ目は政治的な話題、宗教の話題です。政治や宗教に絡むサービスや事業ならかまいませんが、そうでないなら、仕事のためのアカウントでは避けたほうがよい話題だと言えます。5つ目は無機質な人間味のない投稿です。人気のある企業アカウントで"中の人"（P106 ～ 107 参照）は、企業アカウントらしからぬ人間味で支持を集めています。裏を返せば、人間味が全くない無機質な投稿はユーザーから嫌われてしまいます。最後に、ほかの SNS でも同じ内容の投稿をするのは避けたほうがいいでしょう。SNSごとにユーザー層が違うので、内容を変えたほうが無難です。

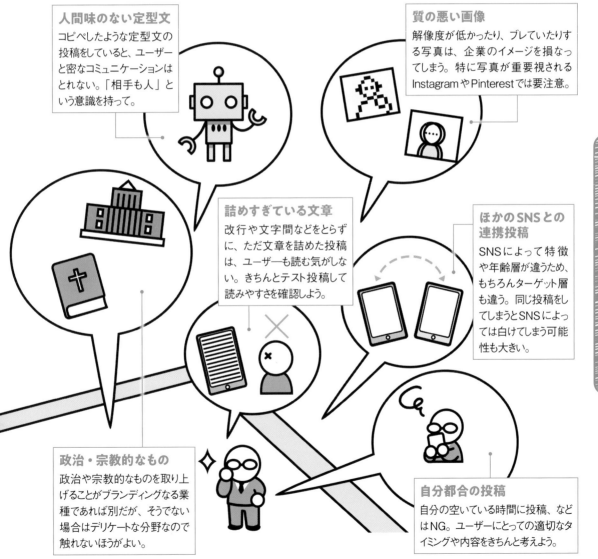

人間味のない定型文
コピペしたような定型文の投稿をしていると、ユーザーと密なコミュニケーションはとれない。「相手も人」という意識を持って。

質の悪い画像
解像度が低かったり、ブレていたりする写真は、企業のイメージを損なってしまう。特に写真が重要視されるInstagramやPinterestでは要注意。

詰めすぎている文章
改行や文字間などをとらずに、ただ文章を詰めた投稿は、ユーザーも読む気がしない。きちんとテスト投稿して読みやすさを確認しよう。

ほかのSNSとの連携投稿
SNSによって特徴や年齢層が違うため、もちろんターゲット層も違う。同じ投稿をしてしまうとSNSによっては白けてしまう可能性も大きい。

政治・宗教的なもの
政治や宗教的なものを取り上げることがブランディングなる業種であれば別だが、そうでない場合はデリケートな分野なので触れないほうがよい。

自分都合の投稿
自分の空いている時間に投稿、などはNG。ユーザーにとっての適切なタイミングや内容をきちんと考えよう。

column

No.04

覚えておきたい

SNS マーケティング用語集 その④

KEY WORD

UGC

P91

UGCは「User Generated Content」の略で、ユーザー生成コンテンツと訳される。ユーザー自身が作り出したコンテンツのことで、SNSに投稿された文章や写真、イラストなども含まれる。UGCをマーケティングで活用する事例も多く見られる。

KEY WORD

インフルエンサー

P93

主にネットやSNSを通じて世間に影響を与え、消費者の購買意思決定を後押しする人のことを指す。芸能人やファッションモデル、有名ブロガー、人気YouTuberなどがインフルエンサーとなることが多い。インフルエンサーを起用したマーケティングも盛んだ。

☑ KEY WORD

AISARE
P97

消費者の行動プロセスを示す。Attention（注目）、Interest（興味）、Search（検索）、Action（行動）、Repeat（繰り返し購入）、Evangelist（他人に広める）の頭文字の言葉で、注目して、興味を持ち、検索し、購入し、繰り返し購入して、そのよさを他人に広めていく過程。

☑ KEY WORD

アンバサダー
P99

アンバサダーは「大使」「使節」という意味だが、ビジネスシーンでは商品の広告塔となる人を指す言葉として使われる。インフルエンサーは有名人であることが多いが、アンバサダーはその商品やブランドに対する熱心なファンであることが重視される。

☑ KEY WORD

Messaging API
P111

Messaging API は、LINE 公式アカウントのオプション機能。API（アプリケーション・プログラミング・インターフェース）とはアプリ同士の機能をつないで便利にする仕様のこと。友だち一覧表示、ブロックされたかどうかの確認、こちらから発信する 1 対 1 トークなどを行うことができる。

☑ KEY WORD

集客プラットフォーム
P120

ビジネスの世界では、ものやサービスを提供する企業とユーザーが結びつく場所をプラットフォームと言う。ここで企業とユーザーが結びつき、関係が構築される。集客プラットフォームは集客を目的とするもので、多くの人をプラットフォームに集めて販促などにつなげる。

Chapter 5

SNS marketing
mirudake note

ユーザーに好かれて
シェアされる
コンテンツの条件

SNSの充実度を決めるのが、発信されるコンテンツのクオリ
ティ。この章では、どのような考え方をすればユーザーを満足
させるコンテンツを提供できるのかを考えていきたいと思います。

Twitter | Instagram | Facebook | TikTok | YouTube | LINE | Pinterest

01 コンテンツの基礎知識を知る

SNSマーケティングで利用されるコンテンツは、「ストックコンテンツ」と「フローコンテンツ」の2種類に分類することができます。

ストックコンテンツとフローコンテンツ

フローコンテンツを入り口に、ストックコンテンツへユーザーが流入してくる

各SNS用に情報を最適な形に変えて発信

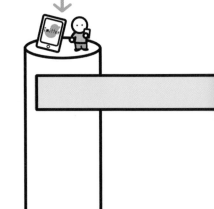

ストックコンテンツ

普遍性が高く、時間が経過してもユーザーにとっての価値が失われにくい内容のコンテンツのこと。爆発的なアクセスは望めない一方で、時間が経っても安定したアクセスが見込める。主にWebマーケティングで重要視される。

例：サービスや商品の情報、FAQ、会社情報、社員紹介、連絡先、ランディングページ　など

SNSマーケティングではコンテンツが重要な役割を果たしますが、コンテンツは「**ストックコンテンツ**」と「**フローコンテンツ**」の2種類に分けられます。ストックコンテンツの「ストック」は「蓄積」という意味で、時間が経過しても価値が低下しにくく、資産化できるコンテンツです。フローコンテンツの「フロー」は「流動」という意味で、情報の鮮度が重要視されるコンテンツです。紙媒体にたとえると、長く読みつがれる書籍はストックコンテンツで、旬の情報を発信する雑誌はフローコンテンツだと言えます。

ストックコンテンツとフローコンテンツのSNSマーケティングでの使い方は、「ストックコンテンツをSNSに適した形のフローコンテンツに変えてSNSに投稿。それによってSNSユーザーをストックコンテンツに誘導する」というものがあります。たとえば、キャンペーンを実施している自社サイト（ストックコンテンツ）にSNSユーザーを誘導したい場合は、そのサイトの写真やテキストをSNSで見やすい形に作り変えて（フローコンテンツにして）、SNSに投稿するというのが、その一例です。ストックコンテンツをフローコンテンツに作り変えて、さまざまなSNSに配信する際には、全く同じものを全てのSNSで流用するのではなく、SNSごとに最適なコンテンツになるように作り直してください。

例：その時のセール内容、期間限定のキャンペーン情報、イメージ画像、SNS担当者のつぶやき

フローコンテンツ

即時性が高く、一時的な価値が高い内容のコンテンツのこと。爆発的なアクセスが見込める一方、より新しいほかのコンテンツにとって代わられやすいため、長期的なアクセスは望めない。主にSNSマーケティングで重要視される。

02 「思わずシェアしたくなる」心理とは？

シェアしたくなる心理を生み出しているのは、「価値を共有したい」「交友関係を維持したい」「自己表現したい」という 3 種類の動機だと考えられています。

SNS でシェアしたくなる心理の根底には、**3 種類の感情**があると言われています。ひとつ目は「価値を提供したい」という気持ちです。あるものに対してよいと感じたら、それをほかの人にも伝えたいという気持ちが生まれます。その感情がシェアにつながるのです。この気持ちがシェアの動機として一番多いという調査結果もあります。2 つ目は、「交友関係を維持したい」という気持ちです。友人知人との関係を維持するために、情報を提供し、同じ情報を共有することで、より親密な関係を築きたいと考えます。こうした思いが、シェアの動機になるのです。

シェアする人の 3 つの心理

こんなすごいものがあるよ!

share!

なになに?

①他人に価値を提供する

人は自分にとって価値があると思ったものを人にも伝えたくなる心理を持っている。商品やサービス、面白い動画やつぶやきなど、今の時代はあらゆるコンテンツに価値が見出され共有されていく。

3つ目の心理は、「自己表現したい」という気持ちです。自分の主張や知識などを拡散することによって「するどい主張だ」「詳しいですね」などといった評価を得たいと考えます。こうした気持ちがシェアにつながるのです。この自己表現したいという気持ちは、評価を得たいという気持ち＝承認欲求に結びついていると言えます。承認欲求には、他人から認められたいという「**他者承認**」と、自分自身を価値ある存在として認めたいという「**自己承認**」があります。他者承認では周りからの評価が高まりそうなコンテンツをシェアし、自己承認では自分を高められそうなコンテンツをシェアします。この2つでは、前者の他者承認を満たすためのシェアのほうが多く行われる傾向があります。

③自己表現としての手段

自分の主張をほかの人に伝えるために、ほかの誰かの意見やニュースを引用して、それに対する意見や立場を述べようとする。自己の主張の正しさや自分の考えを知ってほしい、そして自分を評価してほしいという願望を叶えようとする心理。

②良好な交友関係の維持

自分にとって価値のある情報を提供し、相手からも提供されることで相互関係が成り立つ。お互いに価値のある情報を共有し合うことで、より良好で親密な関係を維持したいという心理が働いている。

03

Twitter Instagram Facebook TikTok YouTube LINE Pinterest

シェアされやすい
コンテンツの仕組み

内容がよいだけでは、コンテンツは SNS 上でシェアされません。シェアされやすい仕組みを作ることで、コンテンツはシェアされるようになります。

コンテンツをシェアされやすいものにするためには、内容の質を高めるだけでは十分ではありません。ユーザーがシェアしやすい仕組みを作ることも必要なのです。一番有効で、ユーザーにとってシェアが簡単なのが、**ソーシャルボタン**の設置です。ソーシャルボタンとは、SNS の外部のサイトに設置するもので、ボタンをクリックするとほかの SNS ユーザーにそのサイトの内容を通知できます。ボタンはタイトルの真下、コンテンツを読み終わった時に目に入る一番下の位置に設置しましょう。スクロールにあわせて移動するように設定してもよいでしょう。

OGP 設定によりシェア率アップ！

シェア時に概要文と
サムネイルも表示される

ユーザーがコンテンツを共有しようとした時に、タイトルとURLだけでなく概要文とサムネイル画像まで表示されると、エンゲージメント率が飛躍的に高くなる。タイムラインの中でも目を引くため、ユーザーの目に留まる可能性が高くなる。

シェアした！

○○「RPG」新ステージ追加

シェアしづらい…

○○「RPG」新ステージ追加
http://○○■■
■■株式会社
プレゼントキャンペーン
htp://○○■■

製作

シェア時にタイトルと
URL しか表示されない…

逆にタイトルとURLしかユーザーの投稿に表示されない場合、どうしてもそれを見たほかのユーザーの反応も悪くなってしまう。

Google が推奨している **AMP**（P154 参照）という技術があります。AMP によってコンテンツが瞬時に表示されるようになり、ユーザーのストレスは軽減しますが、AMP 対応ページにはそのままだとソーシャルボタンを設置できないという弱点もあります。ソーシャルボタンを設置する場合は、「amp-social-share」という AMP コンポーネントを使用するようにしてください。また、シェアされやすくするための仕組みとしては、**OGP**（P154 参照）というものもあります。OGP を設定すると、シェアしたサイトのテキストや画像などが、SNS 上でも正しく表示されるのです。SNS 上では、表示されるのがタイトルや URL などの文字だけの状態よりも、OGP によって画像も一緒に表示されるほうが内容もひと目で伝わり、シェアされやすくなるのです。

ソーシャルボタンがシェアのきっかけに

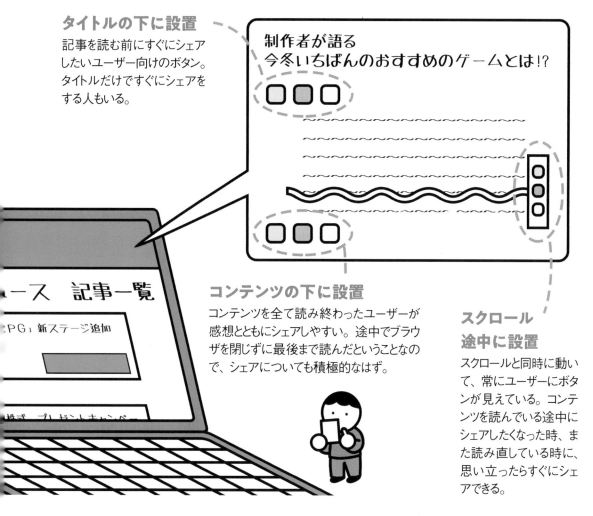

タイトルの下に設置
記事を読む前にすぐにシェアしたいユーザー向けのボタン。タイトルだけですぐにシェアをする人もいる。

制作者が語る
今冬いちばんのおすすめのゲームとは!?

ース　記事一覧

RPG』新ステージ追加

株式　プレゼントキャンペーン

コンテンツの下に設置
コンテンツを全て読み終わったユーザーが感想とともにシェアしやすい。途中でブラウザを閉じずに最後まで読んだということなので、シェアについても積極的なはず。

スクロール途中に設置
スクロールと同時に動いて、常にユーザーにボタンが見えている。コンテンツを読んでいる途中にシェアしたくなった時、また読み直している時に、思い立ったらすぐにシェアできる。

04
コンテンツ別
好かれる投稿のポイント

投稿する文章の文字量が多すぎたり、画像のサイズが適切でなかったりすると、ユーザーから嫌われることも。投稿の見た目にも気を配ってください。

コンテンツで好印象を与えるためには、内容だけでなく、見た目にも気を配らないといけません。伝えたい情報がたくさんあっても、**文字数**や行数が多すぎるのは NG。たとえば、Facebook でや Instagram は文字数が一定量を超えると省略されて表示されてしまい、「もっと見る」「続きを読む」をクリックしないと全部読むことができません。この作業を嫌うユーザーも多いので、文字数や行数が多く、投稿を読まれないこともあるのです。Facebook 以外の SNS でも文字数が多くなりすぎないようにしましょう。

３つの代表的コンテンツ

汎用性が高いコンテンツだが、種類によって文字数制限や表示されるスペースも違う。たとえば、Twitter は 140 文字だが、Facebook は６万字。長すぎると「もっと見る」をクリックしなければ全文が読めない仕様になっているため、読みやすいように省略されない長さを心得よう。

投稿する画像にも注意しないといけません。サイズや縦横の比率が適当でないと、全部が表示されないなどの問題も発生します。Facebook は縦 720 ×横 720 ピクセル、Twitter は縦 360 ×横 640 ピクセル、Instagram は縦 1080 ×横 1080 ピクセルという**画像サイズ**がオススメです。動画もマーケティングに有効ですが、音声なしでも魅力が伝わる動画にしましょう。ほとんどの SNS の初期設定では動画の音声がオフになっているため、音声なしの状態で動画を見ている人も多いのです。字幕をつけたりして無音でも内容が伝わるようにすることが大事です。途中でユーザーが視聴をやめるのを防ぐために、映像の冒頭にユーザーの興味を引く、インパクトのある要素を入れるとよいでしょう。

Instagram や Pinterest など画像投稿がメインのものはもちろん、Twitter や Facebook も、画像があるほうが圧倒的にエンゲージメント率は高いので、画像クオリティは意識したほうがよい。各 SNS の推奨サイズに合わせ、リサイズされないようにして投稿しよう。また、きちんと推奨サイズに合わせた解像度に設定すると、圧縮率も低くて済む。

映像は訴求性が高く、プロモーションとして効果的。無音再生も想定して、字幕があるとよりユーザーの満足度を高める。字幕でイメージが損なわれてしまう場合は、映像だけでも意味が伝わる演出を意識しよう。ユーザーは最初の数秒でその動画を最後まで見るかどうか決めるので、つかみは興味を煽る内容を心がけて。

05

`Twitter` `Instagram` `Facebook` `TikTok` `YouTube` `LINE` `Pinterest`

コンテンツの充実度が
マーケティングを決める

文章だけの投稿よりも、画像を使った投稿のほうがユーザーを魅了します。動画やテキスト入れした画像も活用できます。

これまでのページでも触れましたが、文章だけよりも画像を入れた投稿のほうが、よい反応を得られます。さらに、画像に文字入れをしたものや、動画も効果的。ただし、文章、**画像**（写真、イラスト）、**文字入れした画像**、**動画**には、それぞれメリット・デメリットがあります。
文章のメリットは、PC やスマホなどのデバイスを問わないことと、データ容量が軽いことです。デメリットは、文章だけだとビジュアルを表現するのが難しい点と、文章量が多いとユーザーから嫌われる点です。画像のメリットは、投稿の内容を視覚情報でわかりやすく伝えられる点です。

コンテンツの種類とメリットデメリット

画像

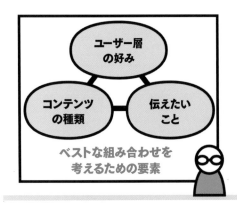

メリット パッと見ただけで伝わりやすい、長い説明を要さない
デメリット 深掘りができないため、人によってはクリックされることもなく興味を持たれづらい

「文章が嫌い」な人もいれば、
「動画は目が疲れる」「マンガは嫌だ」という人もいる

 ベストなコンテンツがどれか、常に考える必要がある

投稿の見た目も華やかであったり、ポップになったりするため、見る人を惹きつけられます。文字入れした画像は、視覚的なわかりやすさと文字情報が両立できる点でメリットがありますが、情報量はそこまで多く載せられません。画像加工スキルやデザインセンスも要求されます。動画のメリットは、能動的に読まないといけない文章と違ってユーザーが受け身の姿勢でいられることと、文章以上に「そうなのか」という納得感を与えやすいこと。その一方、データ容量が重くなるというデメリットも。また、「動画は嫌いだから見ない」「マンガっぽいイラストは嫌いだから読まない」という価値観を持つユーザーも一定数います。以上のメリットとデメリットを把握したうえで、コンテンツに活用していきましょう。

動画

メリット ユーザーはクリックするだけで情報を得ることができる、ストーリーがわかりやすい

デメリット データ容量が大きくユーザーを圧迫しやすい、ムダに長いと途中で視聴をやめてしまう

文字入れした画像

メリット 視覚的なわかりやすさと文字情報を両立できる、ユーザーの滞在時間が画像だけより長くなりアルゴリズムによい影響をもたらす

デメリット そこまで多くの文字情報は載せられない、画像加工のスキルやデザインセンスが要求される

テキスト

メリット 情報を豊富に載せることができる、データ容量が少なくユーザーへの負担が少ない

デメリット 文章量が増えると嫌がるユーザーも多い、視覚的な説得力に欠ける

情報量

高

多

Twitter | Instagram | Facebook | TikTok | YouTube | LINE | Pinterest

06 面白いコンテンツを作る要素

人気を獲得しているコンテンツには、「タイムリーである」など、5つの特徴があります。特徴は、コンテンツを魅力的なものにするためのヒントになるはずです。

SNSユーザーから支持される人気コンテンツには、5つの特徴があります。ひとつ目は**タイムリー**であることです。季節に合わせた投稿のほか、世間やSNS上のブームに合わせた投稿は注目されます。Twitterの**トレンド**（P155参照）、LINEの**ディスカバー**（P155参照）、Instagramの**旬の話題**などをチェックして、今、SNSで何が流行っているかを把握しましょう。2つ目は、親しみやすいことです。ユーザーが親しみを感じるものは支持されます。文体を親しみやすくしたり、自社キャラクターが投稿している形にするなどしてみましょう。

大切にしたい5つの視点

②ユーザーを 置き去りにしていない？

ユーザーとの距離感を縮めてコミュニケーションをとるためには、まずはユーザーに親しみを持ってもらわなければならない。P106で紹介したように、キャラクターを作ったり話し方に個性を出したりして、ユーザーへの親密度を上げよう。

①時勢に合っている？

クリスマスやバレンタインなどさまざまなイベントや、ニュースやトレンドなど、多くのタイムリーな話題がある。そういった季節や流行りを取り入れたテーマに沿ってコンテンツを作れているかどうか確認しよう。タイムリーな、ここぞというテーマは逃さないように。

3つ目はユーザーが共感できるということです。ユーザーが「感動した」「驚いた」「うれしい」「かわいい」「なつかしい」と感じた投稿は人気を獲得しやすいのです。ユーザーが「感動した！」など反応しやすいものにすると、たくさんのコメントも得られるはずです。4つ目は役に立つ情報が盛り込まれていることです。手軽なレシピや生活に活かせる豆知識などは定番の人気ネタです。商品やブランドに関する豆知識も、よい投稿ネタとなります。5つ目はユーザーが参加できるものです。クイズ、アンケート、大喜利などはユーザーを惹きつけます。ただし、漠然としすぎていてユーザーが答えにくい質問などは避けて、ユーザーが答えやすいかどうかを意識するようにしましょう。

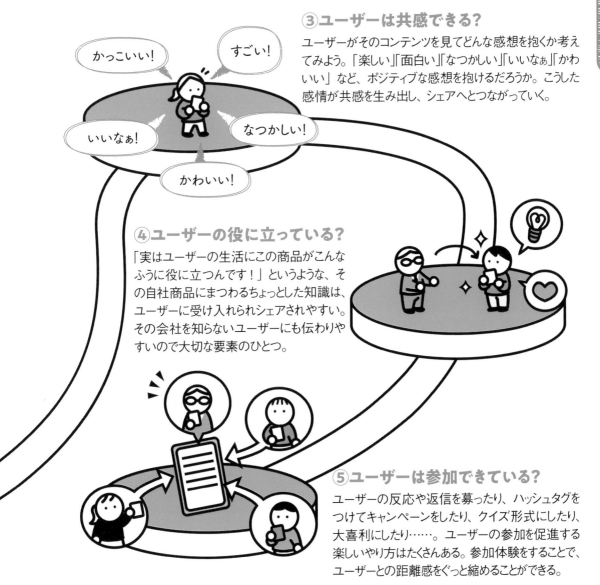

③ユーザーは共感できる?

ユーザーがそのコンテンツを見てどんな感想を抱くか考えてみよう。「楽しい」「面白い」「なつかしい」「いいなぁ」「かわいい」など、ポジティブな感想を抱けるだろうか。こうした感情が共感を生み出し、シェアへとつながっていく。

かっこいい!

すごい!

いいなぁ!

なつかしい!

かわいい!

④ユーザーの役に立っている?

「実はユーザーの生活にこの商品がこんなふうに役に立つんです！」というような、その自社商品にまつわるちょっとした知識は、ユーザーに受け入れられシェアされやすい。その会社を知らないユーザーにも伝わりやすいので大切な要素のひとつ。

⑤ユーザーは参加できている?

ユーザーの反応や返信を募ったり、ハッシュタグをつけてキャンペーンをしたり、クイズ形式にしたり……。ユーザーの参加を促進する楽しいやり方はたくさんある。参加体験をすることで、ユーザーとの距離感をぐっと縮めることができる。

Twitter Instagram Facebook TikTok YouTube LINE Pinterest

07 アイデアを面白く見せるための方法

アイデアが浮かばない時は、ネタの扱い方、見せ方を再考してみましょう。ここで紹介する方法論もアイデアを生み出すためのヒントになります。

「どうすれば面白いネタを思いつくかわからない」と悩んでいる時は、以下の方法論が役に立ちます。ひとつ目の方法論は「**大きさをズラす**」こと。「バケツプリン」や「米粒に絵を描いてみた」など、「○○○はこのくらいの大きさ」という常識を「よい意味」で裏切る企画は、人々の興味の対象になりやすいのです。大きさではなく、「数の大小」においても同様の考え方が使えます。2つ目は、「**範囲をズラす**」こと。周知されていた商品の使用範囲を広げて「実はこんな使い方もできるんです！」と提案することで、これまでのユーザーにも新しい視点を与えることができ

アイデアのズラし方

特大プリンを作ってみた！

米粒に絵を描いてみた！

大きさをズラす

人々の間にあるサイズ感を裏切ることで意外性が生まれ、興味の対象となる。商品の特徴を盛り込みつつ長所を宣伝することができる。その際、大きさがわかるように比較対象をしっかり一緒にしておくことを忘れずに。

ます。逆に、新商品の紹介では「一部だけチラ見せ」というように範囲を限定することで、ユーザーの興味を煽ることも可能。3つ目は「**時代をズラす**」ことです。今ある定番商品の昔の姿を公開したり、令和に平成初期のようなプリクラ加工をした写真でキャンペーンを行ったりして、今の時代から「あえて」ズラします。そうすると、その時代を知っている人も知らない人も新鮮な気持ちでその商品に興味を持つことができます。

このように、意識して面白いコンテンツを作り出すことは、マンネリ化を防ぎ、既存ユーザーのエンゲージメント率を上げることにもつながります。ユーザーとの親交を深めていく意味でも、チャレンジする価値は大いにあります。

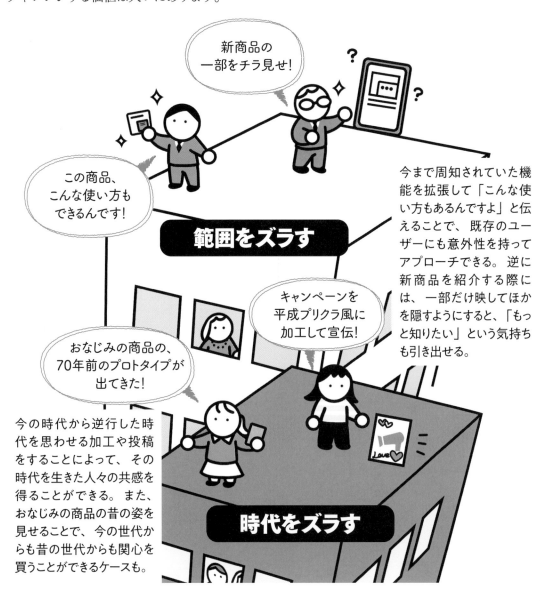

今まで周知されていた機能を拡張して「こんな使い方もあるんですよ」と伝えることで、既存のユーザーにも意外性を持ってアプローチできる。逆に新商品を紹介する際には、一部だけ映してほかを隠すようにすると、「もっと知りたい」という気持ちも引き出せる。

今の時代から逆行した時代を思わせる加工や投稿をすることによって、その時代を生きた人々の共感を得ることができる。また、おなじみの商品の昔の姿を見せることで、今の世代からも昔の世代からも関心を買うことができるケースも。

08

| Twitter | Instagram | Facebook | TikTok | YouTube | LINE | Pinterest |

バズるつぶやきの特徴

投稿がバズった状態は、SNS マーケティングにおいて情報の拡散が非常に上手くいったことを示しています。バズる投稿の作り方を研究しましょう。

バズるネタの傾向とテクニック

SNSの種類

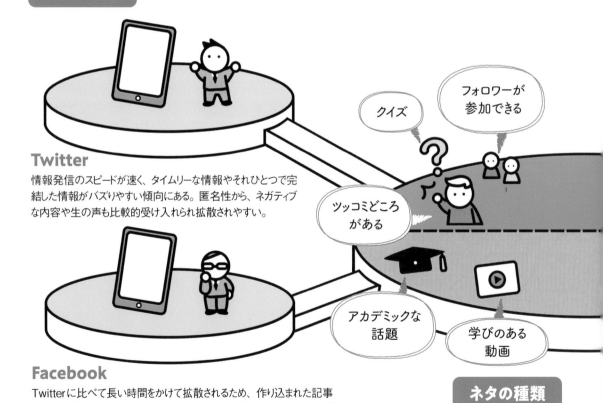

クイズ

フォロワーが参加できる

ツッコミどころがある

アカデミックな話題

学びのある動画

ネタの種類

Twitter
情報発信のスピードが速く、タイムリーな情報やそれひとつで完結した情報がバズりやすい傾向にある。匿名性から、ネガティブな内容や生の声も比較的受け入れられ拡散されやすい。

Facebook
Twitterに比べて長い時間をかけて拡散されるため、作り込まれた記事はその価値を認められてバズりやすい。実名性が高いので、ネガティブなものよりポジティブな記事やロジカルな情報が拡散される傾向がある。

企業公式アカウントのツイートがSNSで話題となり、情報が拡散される「**バズる**」状態になれば、企業や商品の知名度も一気に上昇します。SNSマーケティングにおいてバズった状態は、情報の拡散が成功したことの証明です。拡散力が強いTwitterでのバズるツイートを作成するためのポイントとしては、「独自の視点」というものがあります。話題になっているニュースでもただ取り上げるのではなく、新しい切り口で紹介することでほかの人のツイートと差別化できて、バズる可能性も上昇します。ハッシュタグを活用することで、その話題に興味を持っている層の目に留まりやすくすることも忘れてはいけません。

Twitterでは今現在リアルタイムで起きていることが話題になる場合も多いので、旬の話題を逃さないことも大事です。SNS上で盛り上がっている話題を扱う時にはタイミングを外さないようにしてください。何度もバズった実績を持つインフルエンサーの投稿にリプライを送るのも、注目を集めるためのテクニックのひとつです。インフルエンサーが拡散してくれたら、今までリーチできなかった層に、自社ブランド・商品の情報を届けることが可能となります。新たなユーザー層を開拓するという意味では、今まで投稿していなかった時間帯も含めて、あらゆる時間帯に投稿するというテクニックもあります。これまでの時間帯における投稿は見ていなかった人にも投稿を届けることができます。

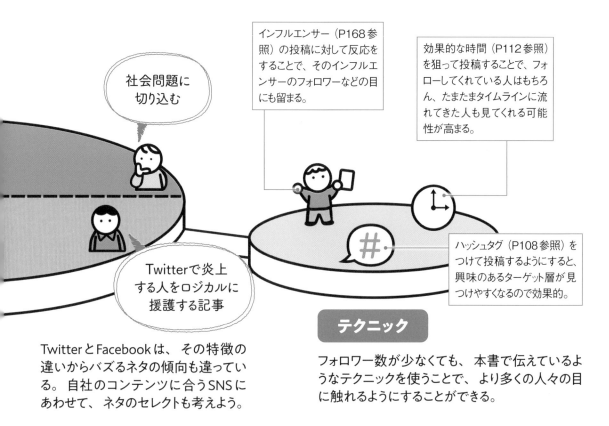

社会問題に切り込む

インフルエンサー（P168参照）の投稿に対して反応をすることで、そのインフルエンサーのフォロワーなどの目にも留まる。

効果的な時間（P112参照）を狙って投稿することで、フォローしてくれている人はもちろん、たまたまタイムラインに流れてきた人も見てくれる可能性が高まる。

Twitterで炎上する人をロジカルに援護する記事

ハッシュタグ（P108参照）をつけて投稿するようにすると、興味のあるターゲット層が見つけやすくなるので効果的。

テクニック

TwitterとFacebookは、その特徴の違いからバズるネタの傾向も違っている。自社のコンテンツに合うSNSにあわせて、ネタのセレクトも考えよう。

フォロワー数が少なくても、本書で伝えているようなテクニックを使うことで、より多くの人々の目に触れるようにすることができる。

Twitter Instagram Facebook TikTok YouTube LINE Pinterest

09 「バズり」よりも「らしさ」を意識したブランディングを

自社ブランドのイメージの方向性によって、SNSでのユーザーとの距離感が変わってきます。ブランドらしさを守ったブランディングが大事なのです。

前ページでバズることを目指すテクニックを紹介しましたが、バズっても、**自社商品・ブランドのファン**が増えなかったら意味がありません。バズった投稿の内容が自社商品・ブランドのイメージや理念から乖離していたら、むしろバズらないほうがよかったと言えます。SNSマーケティングでブランディングを行う際は、自社ブランドが目指す方向性に合ったマーケティングを行うようにしましょう。そうすることで、ユーザーの中でブランドに対する価値を高めて、共感や信頼を持ってもらうようにすることが重要です。

**主体性のない
コンテンツに…**

ユーザーの反応ばかりを気にしてしまうと、自社のブランディングがおろそかになり、大衆に迎合した中身・主体性のないコンテンツになってしまう。

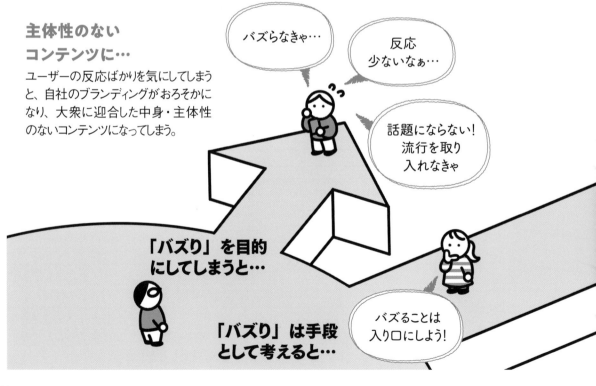

ユーザーには自社ブランドに対して、どういうイメージを持ってほしいでしょうか？ たとえば、親しみやすいイメージを持ってほしい場合と、なかなか手が届かない高級なイメージを持ってほしい場合では、自社ブランドの公式アカウントの振る舞いは大きく変わってきます。親しみやすいイメージを作りたいなら、SNS上でユーザーと積極的に交流すべきでしょう。企業の公式アカウントというよりも個人アカウントに近い使い方がふさわしいかもしれません。一方、高級なイメージを作りたいなら、ユーザーと一定の距離を保ちます。Twitterでは引用リツイートやリプライなどはしないほうがいいでしょう。目指すブランドのイメージにあわせて、アカウントの運営スタイルを変えることを意識してください。

"バズり"はあくまで手段！

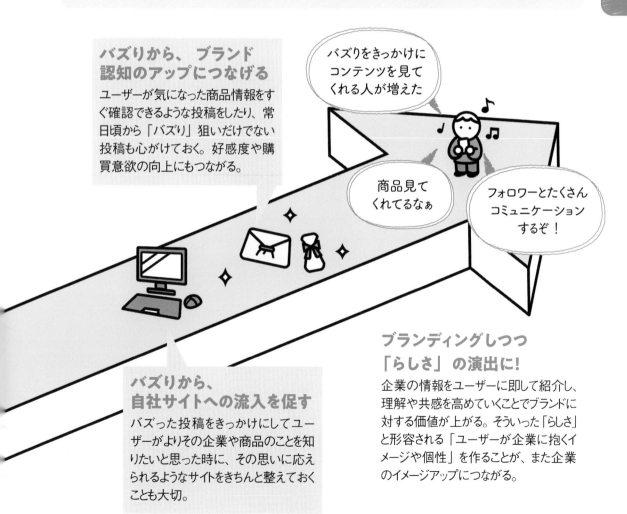

バズりから、ブランド認知のアップにつなげる
ユーザーが気になった商品情報をすぐ確認できるような投稿をしたり、常日頃から「バズり」狙いだけでない投稿も心がけておく。好感度や購買意欲の向上にもつながる。

バズりから、自社サイトへの流入を促す
バズった投稿をきっかけにしてユーザーがよりその企業や商品のことを知りたいと思った時に、その思いに応えられるようなサイトをきちんと整えておくことも大切。

ブランディングしつつ「らしさ」の演出に！
企業の情報をユーザーに即して紹介し、理解や共感を高めていくことでブランドに対する価値が上がる。そういった「らしさ」と形容される「ユーザーが企業に抱くイメージや個性」を作ることが、また企業のイメージアップにつながる。

Twitter **Instagram** **Facebook** TikTok YouTube LINE **Pinterest**

10 情報量より
写真のクオリティを意識する

SNSによってはテキストよりも写真のクオリティが重視されます。テキストが重視されない場合は、写真だけでもメッセージが伝わるようにしましょう。

日本のInstagramのユーザーに「Instagramで企業を評価するポイント」について聞く、利用動向調査の結果をFacebookが発表したところ、1位になったのは「投稿内容が面白い」で、2位は「写真が高品質」でした。Instagramではテキストは写真に小さく添えられるものですので、テキストよりも写真のほうを重視するユーザーも多いと推測できます。この調査では、「投稿が頻繁」という回答は上位に入っていなかったので、Instagramのユーザーは投稿の量よりも**写真のクオリティ**を求めているのだと考えられます。

①構図を考える

加工にこだわるのではなく、そもそもの構図に力を入れることによってクオリティをアップ。ただ目の前の景色やものをそのまま切り取るのではなく、効果的に魅せることを意識しよう。

放射線状になる構図

人間以外の
目線の構図

真上からの構図。
料理向き

写真の高品質さ!

頻繁な
投稿…

→**Instagramでは特に、高品質な写真が重要視される傾向にある**

きれいな写真、かわいい写真、面白い写真など方向性はいろいろですが、写真のクオリティにこだわらなければなりません。また、前述のとおりInstagramの写真に添えられるテキストはあまり重視されない傾向があります。場合によってはテキストを見ないユーザーもいることでしょう。写真だけでメッセージが伝わるような投稿を心がけてください。P135でも解説したとおり、各SNSによって推奨される写真のサイズが異なります。せっかくよい写真を準備しても、狙いどおりに掲載されないと、写真のユーザーに与える印象が悪くなってしまうかもしれません。PCとスマホとでは掲載される写真のサイズも変わってくるので、意図していないトリミングがされないように注意してください。

高品質な写真を考えるポイント

②写真で想像力をかき立てる

Instagramのメインユーザー層である「長文を読まない」人々には、「見た者にストーリーを想像させる」写真も効果的。シチュエーションや世界観をより深くユーザーが考えてくれるため、より多くの共感へつながることも多い。

**ストーリー性を
感じさせる構図**

**場所のセッティングで
世界観を演出**

③NGな写真に気を付ける

撮影する時に気を付けておきたいNGポイントは、メイン被写体の欠如、余計な映り込み、メイン被写体に影が差しているなどの光の加減、不自然に斜めになっているなど。

**メイン被写体がないと
ぼんやりとした画面に**

**狙った訳ではないズレ
は低クオリティに見える**

**影がかかってしまうと
クオリティは台無しに…**

**映り込みがあると、
メインに集中できない**

Twitter Instagram Facebook TikTok YouTube LINE Pinterest

11 動画コンテンツの有用性

各種 SNS で動画の投稿、配信が可能です。ユーザーとの一体感が生まれるライブ動画の配信も盛んに行われていて、これを利用する企業も増えています。

Web 上の動画というと、YouTube のイメージが強いかもしれませんが、各種 SNS でも動画を投稿できます。2018 年に発表された、スマホでの Web 動画の視聴に関する調査によると、一番多かった視聴チャンネルは YouTube で、その次が Twitter という結果でした。また、YouTube、**LINE LIVE**、Instagram、Twitter などではリアルタイムでの**動画配信**も可能になっています。リアルタイムの**ライブ動画**の配信では、ユーザーとの一体感が生まれやすいので、自社ブランド・商品のファンを作るのにも役立つことでしょう。

動画コンテンツのポイント

Point①

動画はさまざまなSNSで配信ができるように
動画と言えばYouTube、という時代は終わり。今やTikTok、Twitter、Facebook、Instagram、LINEなど、さまざまなSNSで動画を配信することが可能になっている。自社にとって最も適したSNSを選ぼう。

LINE

Twitter

YouTube

Instagram

テキストや画像（写真、イラスト）だけでは使い方を説明するのが難しい商品があった場合、動画は非常に便利な手段となります。実際、動画によって商品の使い方を解説している企業は数多くあります。また、商品説明だけでなく、テキストや写真では伝えることが難しい、商品を利用している時の様子なども動画なら簡単に伝えることが可能です。また、どういったライブ動画を見ているかという調査によると、「音楽」と「スポーツ」に次いで「インフルエンサーによる動画」という回答が3位になりました。動画においてもインフルエンサーの影響力が強いことがわかります。動画を使ったキャンペーンなどで、インフルエンサーの助力を検討してみてもいいでしょう。

Point②

動画の向きにも注目しておく

スマートフォンを縦のまま動画を視聴するか、横にして大画面にして視聴するか、ユーザーの傾向は動画の長さによっても分けられる。

Point③

ライブ配信機能でアクティブにリーチする

オンラインで実況する動画を配信することで、よりユーザーが没入感を持ってそのコンテンツに関わることができる。また、商品の説明もわかりやすく魅力的に伝えやすい。

横向き

3分以上の長さの動画を好むユーザーは、スマホを横向きにする傾向にある。じっくりと腰を据えて見る、作り込まれた動画向き。

縦向き

1分以内の動画を好むユーザーは、縦向きのまま視聴する傾向にある。短いため、わざわざ向きを変える手間を好まない。

12 アルゴリズムを意識して発信する

Twitter Instagram Facebook TikTok YouTube LINE Pinterest

SNSへの投稿はアルゴリズムによって、SNSが各ユーザーにとってオススメと考える投稿が優先的に表示されるようになっています。

コンピュータで計算する時の計算方法のことを**アルゴリズム**（P155参照）と言います。当然、各種SNSでもアルゴリズムは働いています。そのアルゴリズムによって、SNSの画面にはユーザーにとって意味のある情報が表示されるように最適化されているのです。Facebookのニュースフィード、Instagramのフィード、Twitterのタイムラインに表示される情報はアルゴリズムが決めているので、アルゴリズムを知らないと、「たくさん投稿しているのに、その投稿が狙っているターゲット層の目に全く入っていない」という事態も起こりうるのです。

アルゴリズムの変遷

さまざまな情報が錯綜!

SNS黎明期
本来つながっていなかった人々をつなげる役割を果たしており、情報があふれていた。

アルゴリズム発動!

つながっている友人の投稿
よく交流しているアカウントの情報
興味のある記事
関心の低い記事
知らない人の投稿

現在
各SNSが提供サービスを多様化させてきたことで、ニュースの配信を効率化させるアルゴリズムが重要視されてくるようになる。

Facebook のアルゴリズムでは、企業の投稿よりも家族や友人の投稿のほうが優先的に表示されるようになっています。ただし、エンゲージメント（「いいね！」やコメントなど）が多ければ、企業の投稿でも**リーチ**を維持できます。Twitter では、設定によっては最新のツイートではなく「**トップツイート**」がタイムラインの一番上に表示されます。トップツイートとは、ユーザーが強い関心を持つとアルゴリズムが判断したツイートです。Instagram のアルゴリズムでは「ユーザーがそのコンテンツに関心を持つ可能性の程度」「投稿がシェアされた日付」「投稿者との過去の交流」をもとに、投稿を表示する順位を決めているようです。つまり、Instagram がそのユーザーにオススメする投稿が目立つように表示される訳です。

Instagram のアルゴリズム例

プロフィール検索
ユーザーがそのプロフィールを頻繁に確認するかどうか。

滞在時間
その投稿を見ている時間がほかより長いかどうか。

ダイレクトメッセージ
ダイレクトメッセージを送った／送られた関係かどうか。

関連性
そのユーザーの関心があるジャンルに関連しているか。

エンゲージメント
その投稿に、ユーザーがどれくらいの確率で反応しているか。

流行性
新しい投稿かどうか。

関係性
そのユーザーと関係性があるかどうか。

151

Twitter Instagram Facebook TikTok YouTube LINE Pinterest

13 リンク先の ランディングページを充実させる

リンクをクリックしたユーザーが最初に訪れる「ランディングページ」。最適化されていないと、せっかく訪問してくれたユーザーが離脱してしまう可能性があります。

ランディングページで気を付けること

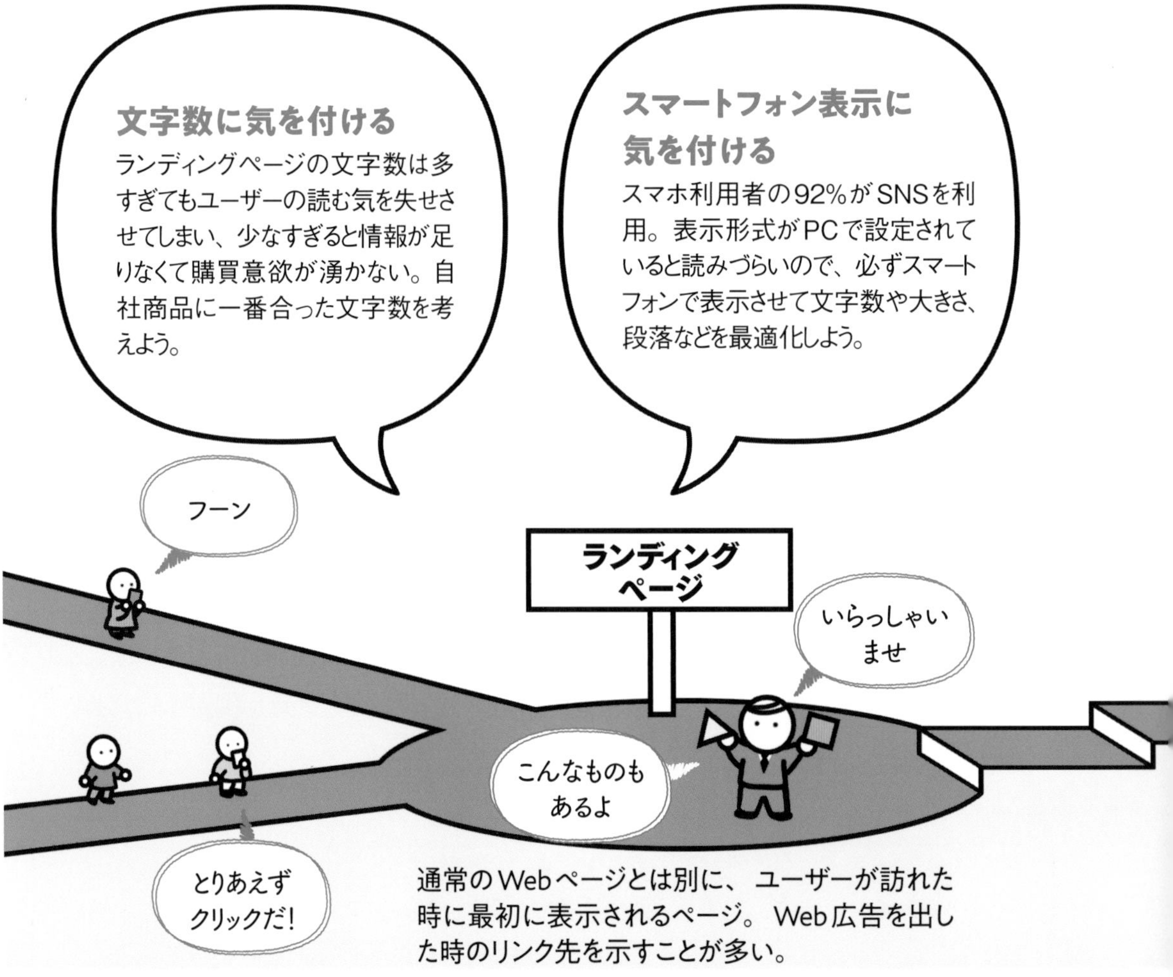

文字数に気を付ける

ランディングページの文字数は多すぎてもユーザーの読む気を失せさせてしまい、少なすぎると情報が足りなくて購買意欲が湧かない。自社商品に一番合った文字数を考えよう。

スマートフォン表示に気を付ける

スマホ利用者の92%がSNSを利用。表示形式がPCで設定されていると読みづらいので、必ずスマートフォンで表示させて文字数や大きさ、段落などを最適化しよう。

フーン

ランディング ページ

いらっしゃいませ

こんなものも あるよ

とりあえず クリックだ！

通常のWebページとは別に、ユーザーが訪れた時に最初に表示されるページ。Web広告を出した時のリンク先を示すことが多い。

ユーザーがリンクをクリックして最初に訪れるページを「**ランディングページ**」と呼びます。これは直訳すると「着地ページ」で、クリックして飛んできたユーザーが最初に足をおろすページといったイメージになります。SNSマーケティングでは、SNS上でユーザーにリンクをクリックしてもらって、ユーザーが移動した最初のページがランディングページです。せっかくユーザーをランディングページに誘導できても、そのランディングページに問題があると、ユーザーはそこから離脱してしまうかもしれません。

ランディングページを充実させようとする際に迷うのが、適切な文字数だと思います。短すぎてもユーザーを満足させることはできないし、長すぎても飽きてしまう……。しかしながら、とりたてて「決まった文字数」というものはありません。

たとえば、男性の場合、多少は文字数が多くてもしっかり説明したほうが高い満足度となる傾向にありますが、女性の場合はテキストの多さではなくイラストや写真で表現したほうがコンバージョンしやすい傾向にあります。これは一例ですが、商材やターゲット層などによって適した文字数というものは大きく変わってきます。PDCAを回しながらユーザーの反応を逐一チェックし、自社の製品に一番合った形を見つけていくのがよいでしょう。

サイトの種類

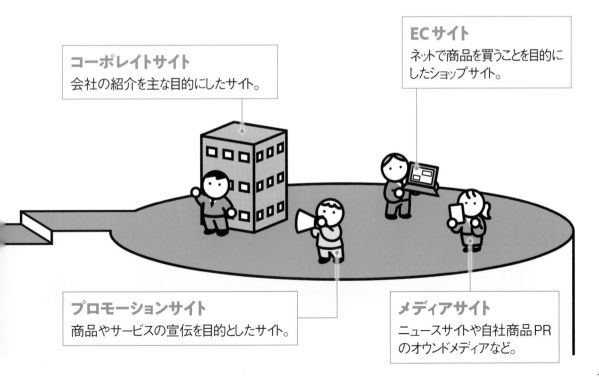

ECサイト
ネットで商品を買うことを目的にしたショップサイト。

コーポレイトサイト
会社の紹介を主な目的にしたサイト。

プロモーションサイト
商品やサービスの宣伝を目的としたサイト。

メディアサイト
ニュースサイトや自社商品PRのオウンドメディアなど。

覚えておきたい

SNS マーケティング 用語集 その⑤

☑ KEY WORD

AMP P133

AMPとは「Accelerated Mobile Pages」の略称で、Googleが推進している技術のこと。「Accelerated」は「加速された」という意味。AMPを活用することで、モバイル端末においてWebページをより高速で表示することが可能になる。

☑ KEY WORD

OGP P133

SNSにおいて、外部のWebページやブログの記事がシェアされた時に、SNS上でそのページのタイトル、URL、概要、画像があわせて表示される仕組みのこと。SNSユーザーにひと目で、ページの内容をわかりやすく伝えることができる。

トレンド

P138

「流行」という意味の言葉。Twitterでは、多くの人がつぶやいている単語が「トレンド」という欄にランキング形式で表示される。時勢を読んだ投稿をするためにはリサーチが必須と言える。ランキングは頻繁に入れ替わるので、リアルタイムで話題のキーワードを知ることができる。

ディスカバー

P138

ディスカバーはLINEに搭載された機能で、友だち以外のアカウントのタイムライン投稿を見ることができるもの。ディスカバーは基本的にLINE側がオススメする投稿が表示されるもので、タイムライン上の最新の人気の投稿が一覧で表示される。

バズる

P143

ネット上やSNS上において短期間で爆発的に話題が広がって、多くの人の注目を集めること。「バズる」の「バズ」は、英語のbuzz（「羽音がブンブン言う」「がやがや言う」などという意味）から来ている。しかし、一時的なバズりを求めて炎上を招いては本末転倒なので気を付けたい。

アルゴリズム

P150

コンピュータが計算を行う時の計算方法や手順のことを指す。たとえば、プログラムで大量のデータを扱う時などには、何らかのアルゴリズムに従ってデータが自動的に並べられる。多くのSNSでは、このアルゴリズムに従ってユーザーに最もオススメしたいコンテンツが表示される。

Chapter 6

SNSから販売まで
つなげる秘訣

SNS は言うなれば入り口。そこからどうやってユーザーを実際の行動に誘導するかまでが、SNS マーケティングの真骨頂と言えます。SNS 上だけで完結せずにユーザーと関係性を保つにはどうすればいいのか、考えていきましょう。

01

`Twitter` `Instagram` `Facebook` `TikTok` `YouTube` `LINE` `Pinterest`

SNS はユーザーの 購買行動に影響を与える

SNS マーケティングにおいて、ユーザーはどんな過程を経て商品を買うのでしょうか。 購入までの心理プロセスを踏まえ、わかりやすく示したのが購買行動モデルです。

購買行動モデルを知ることで適切なマーケティング戦略を設計でき、ユーザーのニーズに合った 施策やコミュニケーションの適切な方法が行えるようになります。一般に SNS マーケティング では、2015 年に電通デジタル・ホールディングスが提唱した **DECAX**（デキャックス）という 購買行動モデルをもとに施策が考えられています。次の 5 つ、Discovery（発見）→ Engage（関 係）→ Check（確認）→ Action（購買）→ Experience（体験・共有）という過程をたどって購 買行動に至るという理論です。

消費者中心で考える DECAX

START

STEP 1
Discovery
発見

Aくんは、最近 ここの有機野菜を 買っているのか〜

自分にとって有益 な情報を見つける。 購買行動につながる 重要な第一歩。

STEP 2
Engage
関係

繰り返し発信するこ とで、ユーザーと商 品の距離感が近付 いていく。

どんなお店で 売っているん だろう？

生産者は どんな人？

店
企業
生産者

ネット社会にあふれている情報から、自分に合った有益な情報を「発見する」ことがユーザーにとって購買行動の第一歩。メーカーや生産者としては、ニーズのあるコンテンツを用意して発見してもらう施策を行うことが必要です。何度も閲覧したくなる施策によって繰り返しコンテンツに触れることで、ユーザーと商品との関係が深まります。関係が深まると、商品のリアルな情報を得て、より詳細な内容を確認したくなります。SNSなどから、いくつかの情報を確認して納得すれば商品を購入します。そして、一連の行動によって得た体験をSNSでの発信や口コミによって共有するのです。購買行動の各プロセスでSNSは、情報提供や購買行動への導線、体験の共有の場など、重要な役割を担っています。

GOAL

オススメだよ♪

ラタトゥイユ

八宝菜

何を作ろうかな!

届いた!

なるほど、こんな料理にも使えるのか

口コミも要チェック!

野菜を使ったオススメレシピは?

お得なキャンペーンをしてるみたい

STEP 5
Experience
体験・共有

商品のリアルな外見・使用感などを消費者がSNSを通して知人・SNS利用者に発信する。

STEP 4
Action
購買

商品とユーザーの関係性が縮まり、情報の確認が取れたところで、購入を決意する。

STEP 3
Check 確認

購入へもうひと押しする情報を消費者が受け取る。リアルな評判を参考にする人も多い。

新たな Discovery を生む

Twitter｜Instagram｜Facebook｜TikTok｜YouTube｜LINE｜Pinterest

02 SNSでのブランディングが さらに効果的に

ユーザーと直接的なコミュニケーションが図れるSNSは、商品やサービスの認知向上はもちろん、イメージや世界観を伝えるブランディングでも一役買います。

マーケティング戦略において的確な**ブランディング**を行うことで、さまざまなメリットが得られます。ブランディングによってユーザーがファンになった場合、自社の商品を使用する機会が増え、購入する可能性が高まります。さらに、SNSがブランドや商品との出会いの場、新たなサービスの発見の場となっている現代、ファンが自社のポジティブな情報を発信・共有することにより、さらなる大きな情報伝播効果が見込めるのです。

SNSではなく自社のWebサイトなどでもブランディングは可能ですし、SNSと組み合わせて

企業価値を高めるブランディング

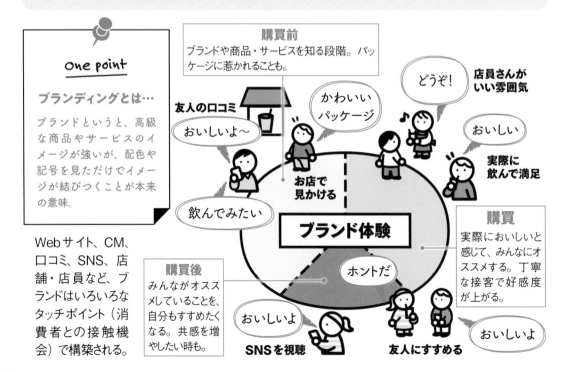

one point

ブランディングとは…

ブランドというと、高級な商品やサービスのイメージが強いが、配色や記号を見ただけでイメージが結びつくことが本来の意味。

Webサイト、CM、口コミ、SNS、店舗・店員など、ブランドはいろいろなタッチポイント（消費者との接触機会）で構築される。

購買前
ブランドや商品・サービスを知る段階。パッケージに惹かれることも。

友人の口コミ
おいしいよ〜

かわいいパッケージ

どうぞ！

店員さんがいい雰囲気

おいしい

実際に飲んで満足

お店で見かける

飲んでみたい

ブランド体験

購買
実際においしいと感じて、みんなにオススメする。丁寧な接客で好感度が上がる。

購買後
みんながオススメしていることを、自分もすすめたくなる。共感を増やしたい時も。

おいしいよ

ホントだ

SNSを視聴

友人にすすめる

おいしいよ

行うことも一般的になっています。SNS をマーケティングに活用する背景には、世代を超えて多くの人が SNS を日常的に長時間使用し、ユーザーが情報を収集する場合も検索エンジンより SNS を駆使する率が高いという現況があります。このような既存のメディア・販売戦略を凌駕するような SNS による**デジタル・ディスラプション**が、企業発信の情報への信頼度より、SNS など個人発信の情報への信頼度が高まる環境を生み出したと言えます。

また、インターネット上には商品情報があふれ、**コモディティ化**によって、いざ購入しようとしても各商品の差がなくなって何を基準に選んでいいのか迷うことも起こりがち。その時、購買の決め手となるブランディングが重要な意味を持ってきます。

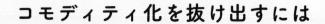

コモディティ化を抜け出すには

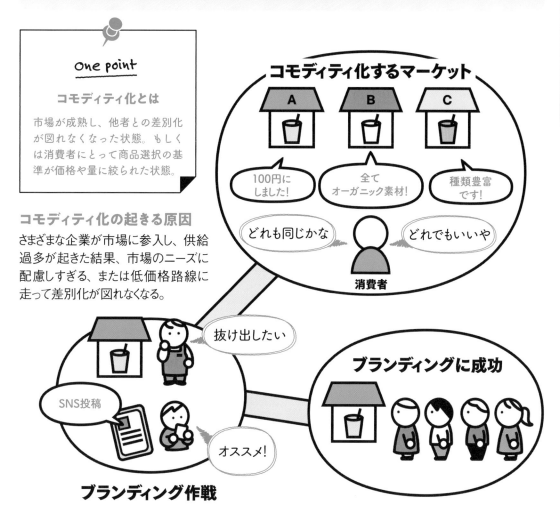

one point

コモディティ化とは

市場が成熟し、他者との差別化が図れなくなった状態。もしくは消費者にとって商品選択の基準が価格や量に絞られた状態。

コモディティ化の起きる原因

さまざまな企業が市場に参入し、供給過多が起きた結果、市場のニーズに配慮しすぎる、または低価格路線に走って差別化が図れなくなる。

コモディティ化するマーケット

A　B　C

100円にしました！

全てオーガニック素材！

種類豊富です！

どれも同じかな　どれでもいいや

消費者

抜け出したい

SNS投稿

オススメ！

ブランディング作戦

ブランディングに成功

Twitter Instagram Facebook TikTok YouTube LINE Pinterest

03 投稿や口コミが 将来の購買につながる

反応の良し悪しにかかわらず、瞬時に反応が表れ可視化されるSNSでは、ユーザーの立場に立ってマーケティング戦略を考えていくことが重要視されます。

SNSの投稿による行動の変容を調査した結果によれば、企業・友人による投稿のどちらにおいても約70〜80％以上が「ブランド／製品に興味を持った」経験があると回答。「製品購入・来店・利用頻度が高まった」という項目では、企業の投稿で60％以上、友人の投稿で40％以上が経験があると回答しました。SNSが生活に根付き、購買行動の指針のひとつとなっていることを裏付けた結果と見ることができます。しかし、ただ単に発信したい情報の投稿だけでは、ユーザーに届きません。たとえば、タイムラインに流れてくる「広告」、新発売の商品を売るためだ

情報量はますます増加！

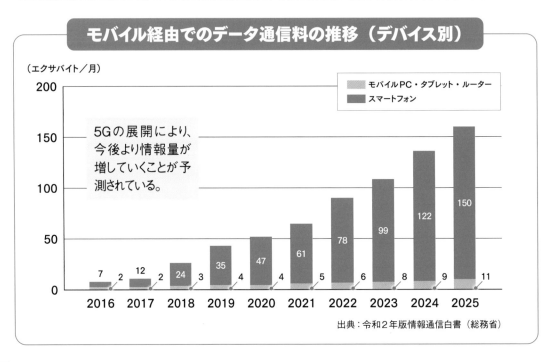

モバイル経由でのデータ通信料の推移（デバイス別）

（エクサバイト／月）

■ モバイルPC・タブレット・ルーター
■ スマートフォン

5Gの展開により、今後より情報量が増していくことが予測されている。

	2016	2017	2018	2019	2020	2021	2022	2023	2024	2025
スマートフォン	7	12	24	35	47	61	78	99	122	150
モバイルPC・タブレット・ルーター	2	2	3	4	4	5	6	8	9	11

出典：令和2年版情報通信白書（総務省）

けの定型化された情報など、スルーした経験は誰もがあるでしょう。ユーザーの立場で考えれば当然ですが、たとえフォローしていたとしても、その企業の情報を入手することだけが目的ではなく、商品情報と一緒に役に立つ耳寄りな情報など、「読んでよかった」「得した気分になった」「好き」など共感を引き出す投稿を心がけていく必要があります。

また、近年、**流通情報量**は飛躍的に増え、個人発信の情報も増加の一途です。それに比べ、人間が受信した情報の内容を意識レベルで認知できる量（**消費情報量**）はあまり変化していないため、情報量が増えるほど肝心なユーザーに情報を届けることが困難になるのです。膨大な情報の中に埋もれない、ユーザー・ファーストなコミュニケーションこそが価値を持ちます。

読んでもらえる投稿は「共感」

One point

ユーザーの求める情報とは？

商品の宣伝だけでなく、お役立ち情報も含めるなど、ユーザー目線に立って有益な情報を発信する工夫が必要。

Twitter | Instagram | Facebook | TikTok | YouTube | LINE | Pinterest

04 SNSで生まれた新しい 購買様式「ULSSAS」

ユーザーの投稿を出発点に、検索や購買へつながり、購入者が投稿を行って拡散…。
この理想的なサイクルを構築することで、広告コスト削減と信頼性向上も見込めます。

「**ULSSAS**（ウルサス）」は、株式会社ホットリンクが提唱する、SNSによって変化した現代の消費行動を反映した購買行動様式のことです。ULSSASはそれぞれUGC・Like・Search 1・Search 2・Action・Spreadの頭文字をとっています。UGCはユーザーの投稿のこと。新しいサービス・商品を購入したユーザーが写真付きで投稿→Likeは、フォロワーなどがその投稿に対して「いいね！」と反応→Search 1は、「いいね！」が付いた投稿を見てSNS検索→Search 2は、GoogleやYahoo!など検索エンジンでも指名検索→Actionはサービス・商品の購入→Spread

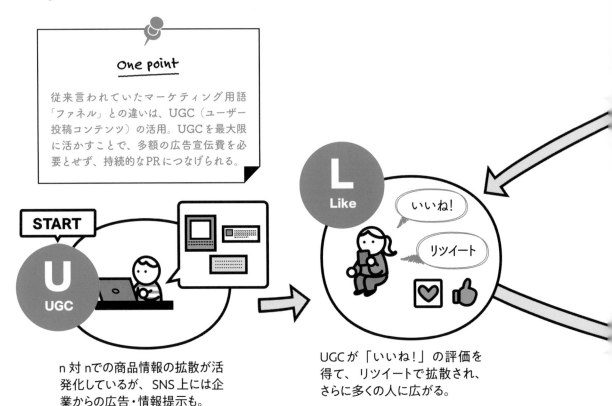

One point

従来言われていたマーケティング用語「ファネル」との違いは、UGC（ユーザー投稿コンテンツ）の活用。UGCを最大限に活かすことで、多額の広告宣伝費を必要とせず、持続的なPRにつなげられる。

START

U UGC

L Like

いいね！

リツイート

n対nでの商品情報の拡散が活発化しているが、SNS上には企業からの広告・情報提示も。

UGCが「いいね！」の評価を得て、リツイートで拡散され、さらに多くの人に広がる。

は拡散のことで、購入者がサービス・商品について投稿し、それに「いいね！」が付き、さらに情報が広がり……この一連のサイクルが繰り返されます。

これまでの購買行動様式では、行動の進行につれ少数になる**逆三角形構造**（ファネル）のため、最初に最大限のユーザーに認知させて購買行動までつなげていくことが最大の目的でした。これには潤沢な宣伝広告費が必要でしたが、ULSSASはそれとは異なる**フライホイール（弾み車）構造**で、いったんUGCと拡散をぐるぐると回すことができれば、ユーザー自らが効果的な宣伝広告を行ってくれるため、多額の広告費は必要としません。最初に良質の投稿が上げられるよう、ユーザーに的確なタイミングで共感性の高い情報を提供できるかがポイントです。

n対nに働きかけるULASSAS

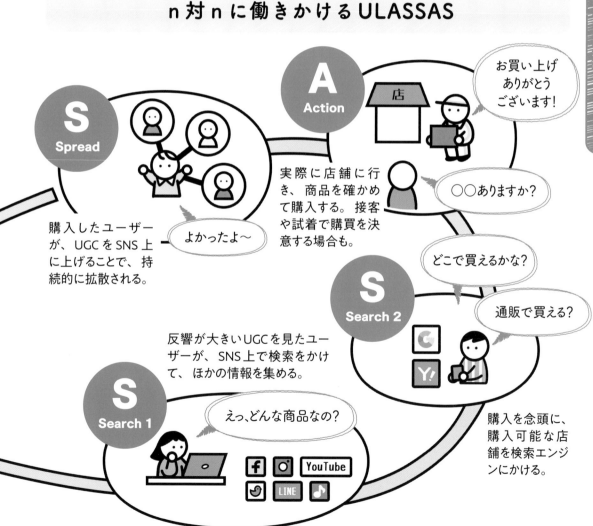

S Spread

購入したユーザーが、UGCをSNS上に上げることで、持続的に拡散される。

よかったよ〜

A Action

実際に店舗に行き、商品を確かめて購入する。接客や試着で購買を決意する場合も。

お買い上げありがとうございます！

○○ありますか？

どこで買えるかな？

S Search 2

反響が大きいUGCを見たユーザーが、SNS上で検索をかけて、ほかの情報を集める。

通販で買える？

購入を念頭に、購入可能な店舗を検索エンジンにかける。

S Search 1

えっ、どんな商品なの？

Twitter | Instagram | Facebook | TikTok | YouTube | LINE | Pinterest

「いいね！」 と CVR の違い

「いいね！」などの反応が行われた割合を示すエンゲージメント率は、企業への信頼感を表す指標。一方の CVR は、設定したマーケティングのゴールへの達成率を表します。

企業・ブランドへの信頼感を表す指数として使うエンゲージメント率(P78参照)。SNSマーケティングで重視される指標ですが、この数値を出すもとになるのが、企業の投稿に対する「いいね！」やリツイート、フォロー、シェア、コメントなどが、どのくらい行われたのかということです。「いいね！」はユーザーからの好意的な反応で、エンゲージメント率を測るためのわかりやすい指標のひとつになります。多くの場合、エンゲージメント率が高いユーザーは企業にとって優秀なファンであり、投稿の拡散や商品の購入・リピートをしてくれる存在。しかし、反応の中のネガティ

CVR とは

CVR 率の計算式

コンバージョン数	÷	サイトへの流入数
商品購入、資料請求、会員登録の数		消費者が自社サイトを訪問した数

CVR率を高くしたいなら

購入頻度の高いものを扱う

野菜など食品 — ティッシュペーパーなど日用品

購入までをスムーズにする

セキュリティや個人情報の表記を明記

ブなものもカウントされるため、必ずしも全てのファンが実際に購入・リピートなどをする訳ではありません。

CVR（コンバージョン率）も SNS マーケティングで重要な指標のひとつです。SNS の公式アカウントの投稿などを見たユーザーのうち、商品購入・資料請求・登録の設定など、具体的なゴールへ到達した割合を表します。CVR は成果達成率とも呼ばれ、数値が高くなれば効率的に成果に結びついていると理解できます。ただし、たとえば「資料請求」のほうが「商品購入」より手軽にできるため、「資料請求」をゴールに設定したほうが CVR の数値は高くなります。ゴールの設定の仕方で CVR の数値が変わるため、最適なゴールを決めることが大切です。

エンゲージメント率とは

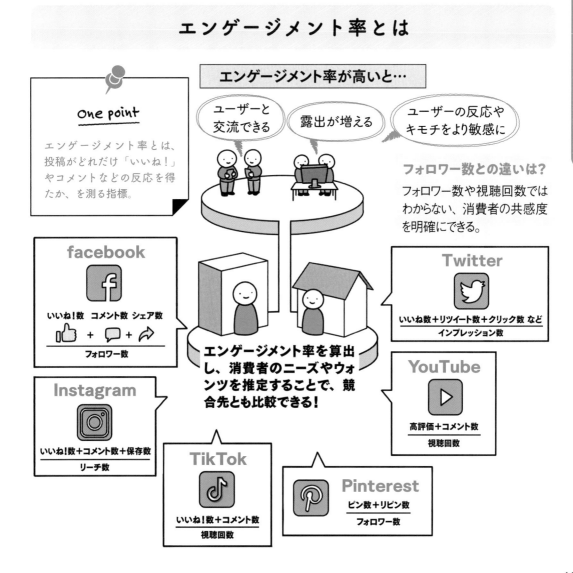

One point

エンゲージメント率とは、投稿がどれだけ「いいね！」やコメントなどの反応を得たか、を測る指標。

エンゲージメント率が高いと…

ユーザーと交流できる

露出が増える

ユーザーの反応やキモチをより敏感に

フォロワー数との違いは？
フォロワー数や視聴回数ではわからない、消費者の共感度を明確にできる。

facebook

$$\frac{いいね！数＋コメント数＋シェア数}{フォロワー数}$$

Twitter

$$\frac{いいね数＋リツイート数＋クリック数 など}{インプレッション数}$$

エンゲージメント率を算出し、消費者のニーズやウォンツを推定することで、競合先とも比較できる！

Instagram

$$\frac{いいね！数＋コメント数＋保存数}{リーチ数}$$

YouTube

$$\frac{高評価＋コメント数}{視聴回数}$$

TikTok

$$\frac{いいね！数＋コメント数}{視聴回数}$$

Pinterest

$$\frac{ピン数＋リピン数}{フォロワー数}$$

06

Twitter | Instagram | Facebook | TikTok | YouTube | LINE | Pinterest

インフルエンサーの効果

SNSでの情報発信によって、他人の購買行動など世間的に大きな影響を与えるインフルエンサー。適材適所でインフルエンサーを活用すれば、大きな訴求効果が期待できます。

センスがいいなと感じる人のオススメ商品は、試してみようかなと食指が動くことがあるように、**インフルエンサーマーケティング**はメーカーからの発信ではなく、信頼できる個人からの情報であることが重要です。いわば「お墨付きを与える」方法で、この手法自体は古くからマーケティングで行われてきました。しかし、従来は個人への訴求であったのに対し、Webマーケティングでのインフルエンサーの活用はその周辺のコミュニティー全体に情報と影響を投下できます。質の高い情報が発信されれば、フォロワーによって口コミが一気に拡散されることも可能です。

インフルエンサーとは？

インフルエンサー
影響力のある人。芸能人が多いが、特定の分野で支持を得て、有名になる一般人も多い

トップインフルエンサー
フォロワー数　100万〜／国内人数　57人
影響力は芸能人顔負け。リーチ力が非常に大きい

ミドルインフルエンサー
フォロワー数　10万〜／国内人数　約1000人
ある分野に特化していて、その界隈では知名度もある

マイクロインフルエンサー
フォロワー数　1万〜／国内人数　約1万〜1万5000人
一般人よりも影響力が大きく、ユーザーに近い視点からの発信が強み

ナノインフルエンサー
フォロワー数　〜1万／国内人数　無限
SNSでの発信力が強い主婦や若者など

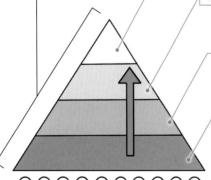

フォロワー
SNSで、ある人物や企業の投稿を見られるよう設定し、更新情報を確認している人たち

テレビや雑誌などのマスメディアに触れる機会が少ない層がターゲットの時も、SNSが主戦場のインフルエンサーならむしろ好都合。インフルエンサーは得意なジャンルに特化した活動をしているため、施策の目的に沿ったマッチングが的確に行いやすいというメリットもあります。インフルエンサーをキャスティングする際、商品とのマッチングの前に、当然ですが企業や商品のイメージを損なわないか、フォロワー数を水増しするといった不正行為が行われていないか、人格的に問題がないかといった点も重要視すべきでしょう。さらに、**ステルスマーケティング**と受け取られることにも要注意です。ネット社会ではネガティブな情報が拡散されやすいので、「ステマだ」と断定された場合のダメージは計り知れず、事前の対策が必要です。

インフルエンサーマーケティング

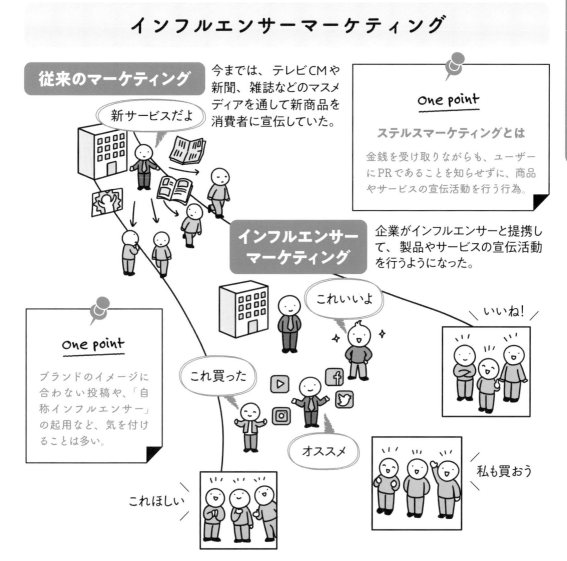

従来のマーケティング

今までは、テレビCMや新聞、雑誌などのマスメディアを通して新商品を消費者に宣伝していた。

新サービスだよ

one point

ステルスマーケティングとは

金銭を受け取りながらも、ユーザーにPRであることを知らせずに、商品やサービスの宣伝活動を行う行為。

インフルエンサーマーケティング

企業がインフルエンサーと提携して、製品やサービスの宣伝活動を行うようになった。

これいいよ

いいね!

one point

ブランドのイメージに合わない投稿や、「自称インフルエンサー」の起用など、気を付けることは多い。

これ買った

オススメ

私も買おう

これほしい

Twitter **Instagram** Facebook TikTok YouTube **LINE** Pinterest

同じ SNS 内でも用途に応じて配信方法を変える

同じ SNS 内にさまざまな機能があり、目的やターゲットなどによって使い分けることで効率的なプロモーションが可能となります。LINE と Instagram を例に見ていきましょう。

日本国内のアクティブユーザーが 8,000 万人以上の LINE は、幅広い年齢層が使っているという特徴を持ち、高い広告効果が期待できます。LINE は個人利用が基本なので商用目的で使う場合は、LINE 公式アカウントを取得し運用。取得したアカウントでさまざまな発信が可能ですが、たとえばタイムラインは新商品情報からイベントやキャンペーンの告知、時にはブログ風にスタッフの声など、ユーザーに伝えたい内容が画像や動画で投稿でき、「いいね！」によるシェアやコメント投稿など、ユーザーとのコミュニケーションを盛り上げる場として活用できます。

LINE の場合

タイムラインで認知度アップ
トークルームとは違い、「いいね！」やコメントで拡散されるチャンスがあるのがタイムライン。

トークルームは視覚的に PR
タイムラインよりも、柔らかく、親しみやすい表現で、ビジュアルに訴えかけるメッセージを。

トークルームでは、**リッチコンテンツ**が反応率・誘導率も高く有効です。リッチコンテンツとは、情報に沿った画像・動画で多くの情報量を視覚的に提供するプロモーションが可能な機能。トークルーム下部で誘導先を提示し、ユーザーがすぐにアクションを起こせる構造です。

女性の支持率が高い Instagram では、**フィード**と**ストーリーズ**で投稿内容を分けることで、より有効なマーケティングが可能です。フィードはブランディング戦略による世界観やコンセプトを表現する場、ストーリーズはキャンペーンやお得情報などの実用性の高い内容を周知させる場と、使い分けることで相乗効果も。また、ストーリーズは新しい機能が年々追加されており、反応率が高いため商品開発に関連する質問をユーザーに行うなど、活用法も広がっています。

Instagram の場合

フィードは認知度上昇

通常の投稿では、拡散しやすい情報と、ブランディングにも効果的なビジュアルで、認知度アップを目指す。

ストーリーズはリアル情報

ファンとのコミュニケーションを深めるため、リアルタイムのコンテンツで実用性の高いものを。

Instagram は Facebook との連携が便利!

One point

Facebook のアカウントと連携し、投稿をシェアすることで、より幅広い年齢層やターゲット層にリーチできる!

| Twitter | Instagram | Facebook | TikTok | YouTube | LINE | Pinterest |

08 SNSは ショッピングの場に進化

検索エンジンを使う、モール型ECサイトで検索するなどの従来の方法から、SNSを使ったショッピングへ比重が大きく変化している現在、CTA施策が重要視されています。

欲しい商品を探す時はどんな行動をとるでしょう。一般的に、検索エンジンを使い上位に表示されたものから検討する、モール型ECサイトで検索するなどが従来の方法でしたが、10代・20代の若年層にはSNSを使ったショッピングが急速に定着。Instagramでは、欲しい商品・サービス名などキーワードでの検索や、ショップやインスタグラマーのコーディネートを検索することも可能。また、Instagramの**発見タブ**によって行動をもとにマッチするコンテンツを表示し、フォローしていないユーザーにも新しい情報を届けられます。類似の機能はYouTubeのホーム画面

CTA施策運用7ポイント

One point

CTAとは、日本語で言うと行動喚起。ユーザーの行動を促すためのテキストや画像。

①サイトへの導線を把握する

解析ツールを使って、自社サイトへの導線や購入ページまでの遷移率を知ることが第一歩。

消費者は何を欲しい?何をしたい?

②ユーザーの ニーズをつかむ

ユーザーが何に興味を抱き、どういう情報を求めてサイトに来ているのかを推測。

O×SHOP

??

新発売! 1980円

初回限定! 1980円

こんなことで困っていたらCTAを対策しよう

・セカンドビュー到達率/反応率が低い

・ある特定の入力フォームで反応が大きい

・フッター付近のスクロール率が高い

どっちが引きが強い?

どのSNSからジャンプしているか

TOPページから購入まで進む率は?

③言葉の ハードルを下げる

詳しい説明をするよりも、ユーザーが「自分にとってのメリット」をイメージしやすい言葉を。

にもあり、登録チャンネルや再生履歴などからユーザーの好みそうな動画が表示されます。このような施策で各々のSNSは、ユーザーの買いたい気持ちを盛り上げています。

商品との出会い・認知に加え、URLから自社やECサイトへの誘導、各SNSアカウントへの連携などを使い、購買行動への導線をさらに強化していくこともできます。ここで重要視されるのが**CTA** = Call To Action（行動喚起）で、よく目にするCTAボタンには、「リンクを開く」「購入する」「ダウンロードする」などがあります。Instagramの「詳しくはこちら」や、YouTubeの「詳しく見る」「資料請求する」といったCTAは、商品の購入や予約など、ユーザーからのアクションを促すために設置されています。

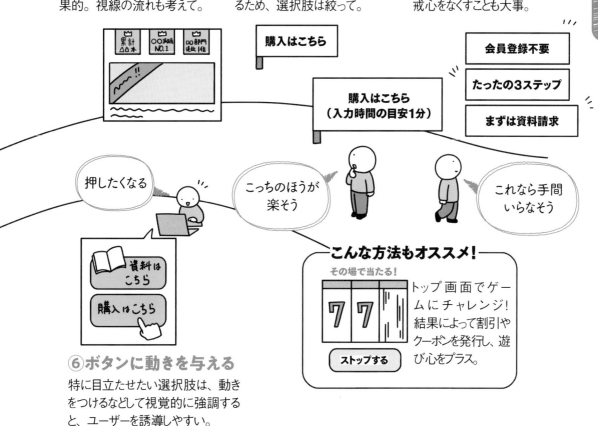

④**置く場所を意識する**
CTAはユーザーの目につきやすい場所に設置するのが効果的。視線の流れも考えて。

⑤**選択肢を減らす**
選べるボタンが多いと、決めることを諦めてしまうユーザーもいるため、選択肢は絞って。

⑦**心理的負担を減らす**
CTAには負担が少ないと感じてもらえるような要素を入れて、警戒心をなくすことも大事。

購入はこちら

会員登録不要

たったの3ステップ

まずは資料請求

購入はこちら
（入力時間の目安1分）

押したくなる

こっちのほうが楽そう

これなら手間いらなそう

資料はこちら
購入はこちら

⑥**ボタンに動きを与える**
特に目立たせたい選択肢は、動きをつけるなどして視覚的に強調すると、ユーザーを誘導しやすい。

こんな方法もオススメ！

その場で当たる！

7 7

ストップする

トップ画面でゲームにチャレンジ！結果によって割引やクーポンを発行し、遊び心をプラス。

Twitter　Instagram　Facebook　TikTok　YouTube　**LINE**　Pinterest

09 SNSから リアル店舗につなげる

LINEのクーポン配信は、集客の施策・来店誘導としてよく使われているものです。ユーザーの利便性を考え、使いやすいクーポンを配信することで効果を高められます。

リアル店舗への集客を目的とする場合、LINE公式アカウントのクーポンが結果へとつながりやすい施策として挙げられます。クーポンは、運用のスタイルに沿って、割引、キャッシュバック、プレゼントなど、さまざまなタイプのものを作成でき、その内容、有効期間、使用条件なども細かく設定できるため、工夫次第で効果の高いキャンペーンを行えます。

クーポンは、タイムラインへの公開やプロフィールに追加することで**友だち追加**へのモチベーションとして使うことができます。また、通常のメッセージにクーポンをつけることもでき、友だち

クーポン運用のポイント

①クーポン配信
商品購入のきっかけとして有効なクーポン。過剰在庫を販売するチャンスにもなる。

②クーポン開封
メッセージで配信後、開けてもらうことが必要。クーポンの名前は興味を引くものを。

③クーポンへの応募
当選確率や当選者数の数字を示すと、ユーザーに当選のイメージを持ってもらいやすい。

④その後の展開
販売数や来店者数が増加したか、効果を分析し、次回のクーポン配信の参考に。

追加の最初のメッセージに付加するなど、もらったユーザーがうれしい気持ちになるような施策をとると、その後のアクションにつながりやすくなります。

抽選タイプは、当たったユーザーのみにクーポンを配布するのも、ひとつの方法です。その日だけという限定条件の「雨の日クーポン」や、クーポン使用率が高いユーザー向けに限定クーポンを配信しリピーター率の向上を狙うことも可能です。また、クーポンを店舗で提示することで新商品のサンプルを受け取れる設定なら来店の動機作りになり、クーポンページの前にアンケートを実施してユーザーの情報収集を行えば、クーポンがインセンティブとなって回答率を高められます。ほかにも余剰在庫の処分に活用するなど、工夫次第で可能性は広がります。

使いたくなるクーポンアイデア

友だち追加ですぐ使える

友だち追加で使えるクーポンがあると、来店や購入の時に友だち追加してもらいやすい。

月ごとに内容を変える

時期や季節によって内容を変えることで、ユーザーを飽きさせないよう工夫も必要。

来店したらすぐ使えるよ!

次回来店時はこれをプレゼント

LINE
無料クーポン配布中

登録しておこう

いつクーポンくるかわかんないし

割引き

「このメニュー1品サービス!」とわかりやすく

ゲーム感覚も◎やってみたい!を後押し

1000円もお得

わたし限定だ

このクーポン待ってた〜

限定クーポン

期間や来店日時・気候を限定して、購入や来店の「あと一歩」を後押しする作戦も。

子どもと行こうかな

また行こう

まとめ買いをお得に

企業の売上が減らないよう、利用に条件を設けて、客単価をアップするクーポンも。

雨の日は替玉1玉無料

雨の日や平日15時という限定の仕方も

発売前のサンプルプレゼント!

5000円以上の方は○○プレゼント

LINE
おともだち305人
Thank you
キャンペーン

夫婦で来店されたら…

お土産プレゼント

column No.06

覚えておきたい

SNS マーケティング 用語集 その⑥

KEY WORD

購買行動モデル P158

ユーザーが購買に至るまでの行動に、一定の規則を見出しモデル化したもの。マーケティングの立案には、適切な購買行動の想定が必須。SNSマーケティングでは、VISAS＝Viral（口コミ）→Influence（影響）→Sympathy（共感）→Action（行動）→Share（共有）などもある。

KEY WORD

デジタル・ディスラプション P161

既存の製品・サービスから革新的な新しいものに変わること。ディスラプションは英語で「崩壊」を意味する。インターネットの登場で生活が一変したように、強力なイノベーションとなる。SNSが普及した現在、マスメディアに頼らず効果的な宣伝が可能となったのもその一例。

フライホイール構造 P165

従来のマーケティング概念のファネル（漏斗＝顧客をふるい落とし減っていく構造）と対比される、UGC（一般ユーザーによるコンテンツ）や拡散によりビジネスのサイクルを回し続ける弾み車のような構造をいう。UGC の活用で認知度アップを目指し、それを原動力にサイクルを回していく。

CVR P167

コンバージョン率・成果達成率・顧客転換率のことで、目的である成果（商品の購入・申し込みなど）が達成された割合を示す。公式アカウントを訪れたユーザーのうち、何人が友だち登録に至ったかなどを表す指標。CVR の状況把握・分析により、課題や改善点などが把握できる。

リッチコンテンツ P171

テキストや静止画像だけでなく、動画・アニメーションや音声、音楽などを導入した、リッチなユーザー体験ができるコンテンツを指す。複雑な商品情報や、自社サービスの雰囲気・イメージといった微妙な表現も、ユーザーに直感的・効果的に伝えることが可能。

発見タブ P172

Instagram の虫眼鏡アイコンをタップすると開くページのこと。検索窓にキーワードを入れ、ハッシュタグやユーザー、スポットなどを検索でき、ユーザーの行動に基づいたレコメンドが表示される。潜在的な顧客へのアプローチを狙う場合、発見タブ広告は有効性が高いとされる。

Chapter 7

SNS marketing
mirudake note

誰にでも降りかかる
炎上のリスク

SNSマーケティングをするうえで避けて通れない道が炎上です。
どんなに有名でフォロワーが多い企業アカウントであっても炎上
の憂き目に遭った数は少なくないはず。ここでは、どのように
すれば炎上を回避できるのか見ていきましょう。

Twitter **Instagram** **Facebook** **TikTok** **YouTube** **LINE** **Pinterest**

01 炎上が起きる5つのステップ

批判的なコメントが投稿されたことが発端となり、同調する投稿が殺到して雪だるま式に大量発生する「炎上」。発生のメカニズムを5つのステップに分けて見ていきます。

炎上のステップ1は、炎上案件の発生。しかし、この段階では小さな火種で、担当者を含めて誰も炎上するとは夢にも思っていません。ステップ2で徐々にヒートアップを見せます。炎上事案に対してSNSで批判的な投稿がされ、この投稿に気付いた一部のユーザーが投稿やシェア、リツイートなどの反応を起こし始めます。ステップ3では、より影響力のあるインフルエンサーなどが話題にするなどの反応を起こし、それぞれのフォロワーへと拡散していきます。ステップ4へ進み、ここまで来るとネットニュース、まとめサイトにも取り上げられるように。そして、ネッ

炎上が拡大していくイメージ

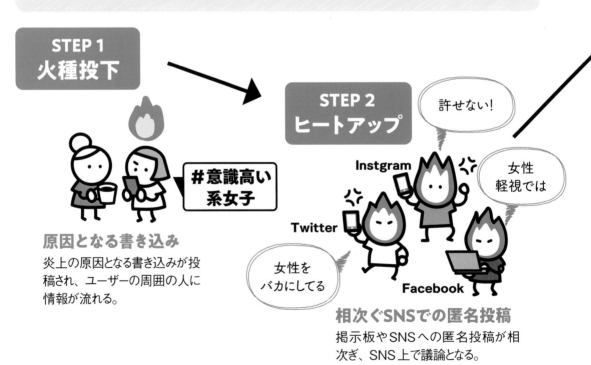

STEP 1 火種投下

#意識高い系女子

原因となる書き込み
炎上の原因となる書き込みが投稿され、ユーザーの周囲の人に情報が流れる。

STEP 2 ヒートアップ

許せない！

女性軽視では

女性をバカにしてる

Instgram
Twitter
Facebook

相次ぐSNSでの匿名投稿
掲示板やSNSへの匿名投稿が相次ぎ、SNS上で議論となる。

トニュースで知った不特定多数のユーザーが燃料となる投稿を次々と投下し、コントロール不能状態になるのがステップ5。テレビなどのマスメディアでも取り上げられて、炎上が広く一般に周知される状況となります。

信頼が損なわれるのは一瞬のうちですが、取り戻すには長い時間がかかるものです。たったひとつの投稿の内容が端緒となり、企業イメージだけでなく経済的な大損害を受けることも実際に起こっています。さらに、炎上はオンライン・オフラインを問わず、問題のある案件が発見されて起こるので、見過ごされてきたものが過去にさかのぼって掘り起こされる場合や、炎上の中から過去の問題事案が発見されて、炎上を加速・倍増させることもあります。

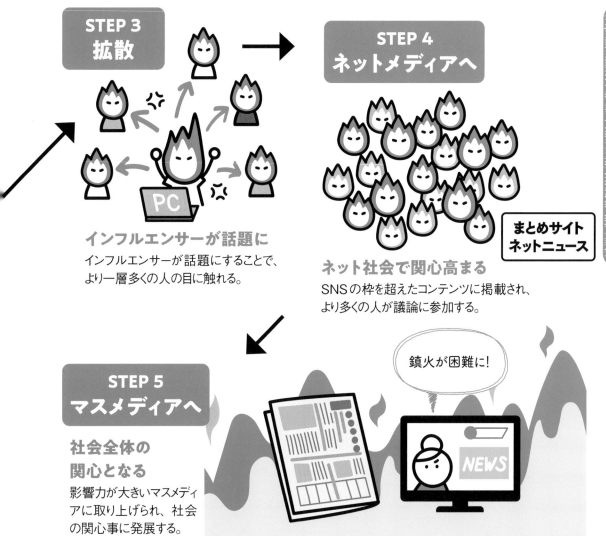

STEP 3 拡散

インフルエンサーが話題に
インフルエンサーが話題にすることで、より一層多くの人の目に触れる。

STEP 4 ネットメディアへ

まとめサイト
ネットニュース

ネット社会で関心高まる
SNSの枠を超えたコンテンツに掲載され、より多くの人が議論に参加する。

STEP 5 マスメディアへ

社会全体の関心となる
影響力が大きいマスメディアに取り上げられ、社会の関心事に発展する。

鎮火が困難に！

NEWS

`Twitter` `Instagram` `Facebook` `TikTok` `YouTube` `LINE` `Pinterest`

02 炎上が起きやすい 気を付けるべき話題

日常的に SNS への投稿を行う場合、どんな話題に気を付けなければならないかを知っておくことは、炎上を招かないための自衛策のひとつになります。

総務省の令和元年『情報通信白書』によれば、Web 上での炎上は年間で 1000 件を超えて（2015年）増加傾向にあります。年間 1000 件としても 1 日に 2〜3 件は炎上が発生していることになり、思ったよりも頻繁に炎上が発生している状況がうかがえます。

炎上の原因となる投稿内容はさまざまです。たとえば、商品やサービスへの批判が投稿され、ほかのユーザーの同意が多く拡散されることで炎上を招くことも。初歩的なミスである誤送信や個人用との切り替えミスなどによって不適切な内容が発信され、謝罪に追い込まれることもあり

炎上しやすいポイントとは？

「家族・夫婦のあり方」に言及

妊娠、子育て、看病、介護など、さまざまな問題を抱える人々の存在を考慮しなければならない。

性差別・人種差別に触れるもの

女性や男性のイメージを安易に利用した広告や PR は、社会的に問題になりやすい。

ます。従業員の不用意な投稿によって顧客の個人情報が流出し、プライバシーの侵害だと批判が殺到した事例や、店舗での悪ふざけを投稿した画像や動画が一時期マスメディアにも取り上げられて話題になったこともありました。広告の表現が意図とは異なる内容だと受け取ったユーザーが批判的な投稿をし、炎上に結びついた事例も少なくありません。

LGBT など性的少数者に対する差別や人種差別、性による役割分担、ハラスメントに抵触しかねない話題など、**センシティブな問題**には気を付けるべきです。政治や宗教、戦争に関すること、大規模な災害が起こった時も要注意。リアルで顧客と気持ちのよいコミュニケーションを図る際に話題として不適切な内容は SNS での発信にも不向き、と考えるとわかりやすいでしょう。

one point

大きな災害時は特に注意が必要。ユーザーがセンシティブになるため、些細な言葉遣いやイラストが炎上の引き金になることも。

不祥事や表品サービスの欠陥

SNSの普及により、同じ商品の購入者が共通の認識を作りやすくなったことが大きい。

衛生的に触れるもの

近年、アルバイトによる「お店の冷蔵庫に入ってみた」という動画の拡散が国内外で大きな問題になった。

おせちでクレームが

おせちがスカスカ!

会社が謝罪しない!

商品に異物が…

謝るけど、回収はしない

食材偽装してる!

事実を隠蔽してる!

自主回収しないのか!

「お店の大型冷蔵庫に入ってみました」

| Twitter | Instagram | Facebook | TikTok | YouTube | LINE | Pinterest |

炎上が起きた時の対応とは？

実際に炎上が起こった時、どのような対応が正解なのでしょう。炎上のプロセスを追いながら行動のシミュレーションをしつつ、事後の対応策を知っておくことは必要です。

一般的に炎上は、Web上や広報へ届く自社の**クレーム**が通常よりも急に増えた、というようなことから始まります。この時点で素早い察知、適切な対策を行えるかどうかは、炎上を乗り越えるために重要なこと。炎上の火種の発見に時間がかかるほど炎上自体が大きくなっていき、コントロールできない状態に近付くからです。早い段階で当該の炎上事案を特定して対応しつつ、もしクレームの内容が妥当だと判断したなら、素早く謝罪を行いましょう。SNSや自社サイトに謝罪投稿を行い、状況によってはマスメディア向けに謝罪発表もします。クレーム内容が妥

炎上が起きてしまったら…

one point

万が一炎上した時に応援してもらえるよう、日頃からのファンとの信頼関係作りが欠かせない。親しみやすく、共感を与える投稿がオススメ。

素早く発見（オフィス）

PC

24Hチェック体制　　**報連相＆事実確認**

素早い発見と対応がカギになるため、モニタリングと炎上した際の鎮静化を行う担当者を決めておく必要がある。

トラブル発生

・広報へ1日 10件以上批判
・ネット上に企業 批判が急増

批判の対象は、会社・関連会社・社員の投稿やSNS外での行動となる時もあれば、ユーザーによる書き込みの場合も。

当ではないという判断の場合は、自社の一貫した主張のもと、終始毅然とした態度で臨みます。途中で主張を変えて謝罪するという事態になれば、輪をかけて炎上させてしまうので、見極めは慎重に行います。クレームが妥当か妥当でないかにかかわらず、消費者に対する反論・批判は行わないという点は注意しておきましょう

また、炎上事例には4つのケースがあります。企業のオンライン・オフラインでの事例、従業員のオンライン・オフラインでの事例、それに**フェイクニュース**、誤解や憶測による投稿が発端となる事例。誤解やデマなどが原因では、企業が気を付けていても炎上が起こることがあるため、誰が巻き込まれても不思議ではないという心構えで炎上対策に取り組むべきです。

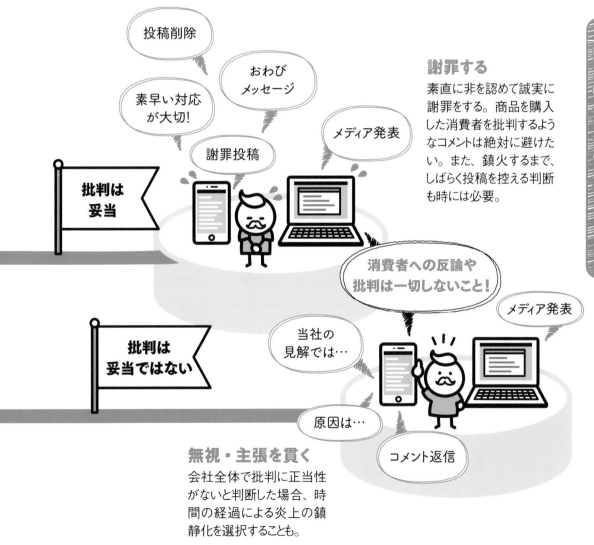

投稿削除

おわび
メッセージ

素早い対応
が大切!

メディア発表

謝罪投稿

謝罪する
素直に非を認めて誠実に謝罪をする。商品を購入した消費者を批判するようなコメントは絶対に避けたい。また、鎮火するまで、しばらく投稿を控える判断も時には必要。

批判は
妥当

消費者への反論や
批判は一切しないこと!

メディア発表

批判は
妥当ではない

当社の
見解では…

原因は…

コメント返信

無視・主張を貫く
会社全体で批判に正当性がないと判断した場合、時間の経過による炎上の鎮静化を選択することも。

Twitter | **Instagram** | **Facebook** | **TikTok** | **YouTube** | **LINE** | **Pinterest**

04 今日からできる炎上予防策

公式アカウントを円滑に運営していくため、炎上の発生メカニズムを理解し、予防策を講じることは必須条件。SNS担当者と組織全体での対策について解説します。

炎上を未然に防ぐ対策として、まず組織全体で行うことは**チェック体制**の整備です。投稿内容を担当者だけではなく、顧客対応の経験を持つなど、細かく内容を精査できる人材を配置し、ダブルチェックできるように体制を整えます。

担当者向けの対策としては、情報が正しいものかどうか**ファクトチェック**を徹底し、真偽が検証できない情報は一切発信しないことです。さらに、担当者は常に世の中の動きにアンテナを張って情報収集に努め、大きな事件や災害などが起こった時は人道的に問題があると誤解されない

炎上を防ぐ4つのプロセス

プロセス 1 組織全体で大切なこと
ダブルチェックの体制を強化し、万が一炎上が起きた場合に備えて対応フローと責任者を決めておく。

プロセス 2 SNS担当者は事実をはっきりリサーチ
事実確認はマスト。電話での確認や、信用できる公式サイトの利用など、リソースをしっかりさせておく。

ダブルチェックお願いします

万が一に備えて責任者を決めましょう

実店舗の店長さんに聞きます

ソーシャルポリシーを作ろう

○○についてお伺いしますが…

よう、いつも以上に配慮した発信を心がけます。「炎上が起きやすい気を付けるべき話題（P182参照）」で述べた、信条・思想・立場によって意見の分かれるようなセンシティブな問題などを取り上げないことも自衛策として必要なことです。

そして、組織としてSNS利用上のガイドラインを定めて指針を明確にし、全社員に遵守させます。同時に、研修などで炎上を取り上げ、業務上で知り得た情報はSNSなどで発信しない、過去の炎上事例を知り炎上を起こすと会社ばかりでなく自分自身も不利益を被るなど、社員教育を行います。ガイドラインは、公式アカウントと、社員個人のプライベートなアカウントの両方に関するものとして規定しておく必要があります。

プロセス **3**

SNS担当者は話題や時勢に敏感に

社員の個人的な思想や考え方が反映されるようなテーマは避ける。投稿のタイミングにも配慮したい。

one point

SNS利用に関して、ソーシャルポリシーの共通理解やガイドラインの策定が、炎上を予防するのに効果的。

プロセス **4**

全社員が心得ておくこと

個人アカウントと企業アカウントの切り替えミスや、情報公開日前に情報をうっかりリリースしてしまうことがないように、運用の仕方は社員共通で意識しておく。

05 炎上商法が損な理由

意図的な炎上によって、多くの人から注目されることを目的とした「炎上商法」。注目を集めるために起こす炎上は、失敗した時のダメージを考えるとリスクが高すぎます。

SNSでは共感するユーザーが多い投稿内容であれば、シェアやリツイート・共有されて広がっていき、ポジティブな意見の拡散は商品や企業のイメージ向上に貢献。逆にネガティブな意見の場合は、炎上となり大きなダメージを与えます。個人の場合は本人だけの問題かもしれませんが、企業の場合は**炎上商法**によって衆目を集めてもムダなのです。集まってきたのは顧客となるユーザーではないため、ビジネス上のメリットにはならず、イメージが悪くなるなどの損害の規模は計り知れません。炎上商法は、短時間で広告費などの経費をかけず知名度が上げられる

炎上商法とは？

炎上と拡散の違いとは?

「拡散される」とは、投稿が多くのSNS利用者の目に届くこと。そのうち、ネガティブな情報が広まって、批判が集まることを炎上という。

若者＝SNSと
考えられても

どうしたらイメージ
変えられる?

パッケージを
そろそろ変えましょう

でも発売40年の
ロングセラーだよ

でも若者が
買わないと…

ヤマトという日本国旗をもとにしたお菓子が最近ダサイと若者に言われている。

one point

炎上にはメリットもある。良し悪しはともかく拡散の勢いだけはすさまじいので、話題性だけにフォーカスしてみればプラスの面もある。

半面、イメージを失墜させ、株価の下落や倒産を引き起こすなど、会社に与える影響も大きいものです。

中にはルーマニアのお菓子のように炎上商法が成功する例もあります。パッケージに国旗がデザインされ長年愛されてきたお菓子でしたが、近年は古臭いと人気も下降気味。新規巻き返しをかけルーマニア国旗からアメリカ国旗へデザインを刷新し、大々的な告知で国民からの炎上を狙いました。思惑どおり多くの批判が殺到して大炎上し、大きな関心を集めたのです。その後、一夜にしてパッケージをルーマニア国旗に戻し、ジョークであると発表。一連のプロモーションが功を奏し市場のシェア率、ブランドイメージも飛躍的に向上しました。しかし、高度な広告戦略が必要なうえ、成功するとは限らないレアケース。安易な炎上商法はオススメできません。

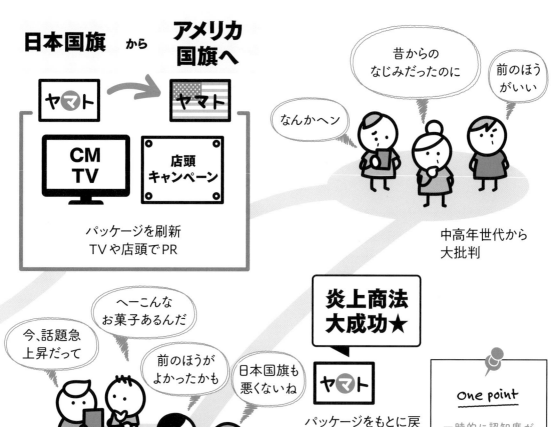

日本国旗 から アメリカ国旗へ

ヤマト → ヤマト

CM TV 店頭キャンペーン

パッケージを刷新
TVや店頭でPR

昔からのなじみだったのに

前のほうがいい

なんかヘン

中高年世代から大批判

今、話題急上昇だって

へーこんなお菓子あるんだ

前のほうがよかったかも

日本国旗も悪くないね

SNSで話題になっていることから若者が知る。認知度アップに。

炎上商法大成功★

ヤマト

パッケージをもとに戻す。こうなることを想定して試した作戦だったことを発表。

one point

一時的に認知度が上がることはあっても、長期的な視点で見れば、デメリットのほうが大きい。リスクがあるので細心の注意を。

column No.07

覚えておきたい

SNS マーケティング用語集 その⑦

KEY WORD

炎上 P180

燃え上がるように批判コメントが殺到する状態。SNS を運営する際に懸念されるトラブルで、事前に対処法や予防策などの対策を万全にしておくべき。Twitter など匿名性の高い SNS は拡散力が大きいというメリットを持つが、一方で炎上しやすいというデメリットもある。

KEY WORD

性による役割分担 P183

能力・経験などを考慮し役割分担するべきところ、性別によって役割分担をすること。ジェンダー問題への意識が高まった社会では、「夫は仕事、妻は家事や育児」「主要業務は男性、補助業務は女性」など旧来の固定観念による偏った考え方は、SNS 以外でも批判の的になる可能性が高い。

☑ KEY WORD

センシティブな問題 P183

性的少数者に対する差別や人種差別、セクハラ・パワハラ・マタハラなどのハラスメントに抵触する話題、政治や思想、宗教、歴史、文化、戦争、災害に関することなど、慎重に扱うべきトピックを指す。このようなデリケートな問題は、SNS で安易に取り上げないほうが賢明である。

☑ KEY WORD

フェイクニュース P185

政治家や有力者の根も葉もない誹謗中傷をつづった「怪文書」、ある意図のもとに事実を歪曲した「捏造記事」など古くから存在したが、ネット社会になりデマや嘘など虚偽の情報も増加。フェイクであるにもかかわらず、正しい情報だと思う人々により SNS で拡散される弊害も出ている。

☑ KEY WORD

ファクトチェック P186

検証行為、事実検証・確認とも言う。巧妙なフェイクニュースはあたかも事実のような内容なので、見破るには情報ソースを確認したり、SNS などの情報を鵜呑みにせず自分でできる限り調べたりすることなどが重要。災害や感染症などで混乱した状況では、特にデマが広がりやすいので要注意。

☑ KEY WORD

炎上商法 P188

意図して問題になりそうな発信を行って炎上させ、マーケティングに利用する行為。炎上の拡散により瞬時に注目が集まり、認知度の向上が見込めることは事実。ただしデメリットが大きく、社会的な信頼を失い、ブランドイメージを傷つけ不買運動・製造中止に発展することもある。

Chapter 8

SNS marketing
mirudake note

SNS運用の
超キホン

この章では、実際にSNSマーケティングに使われている有名
なSNSを例に出して、その特性や使い方を説明していきます。
自身の業種や目的に合ったSNSを選び、より効果的なマーケ
ティングができるように心がけましょう。

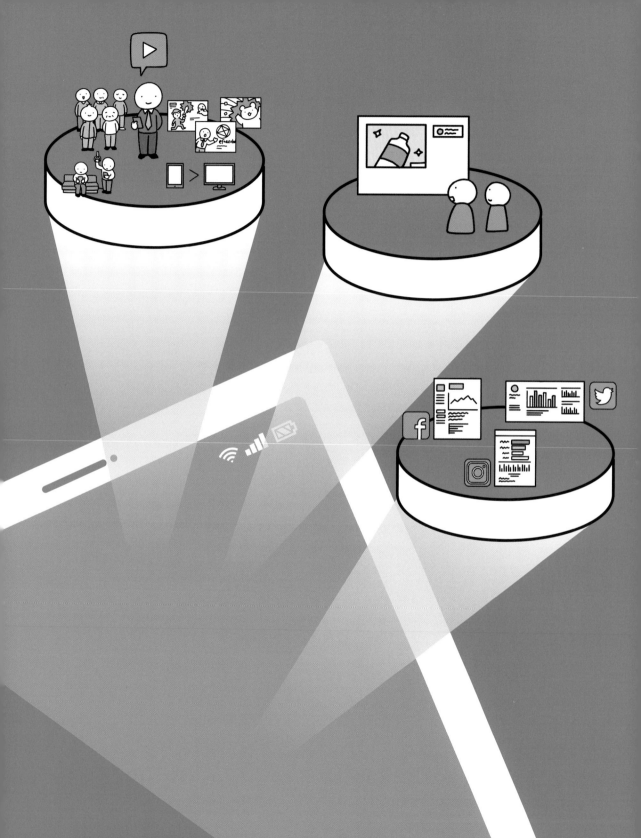

Twitter Instagram Facebook TikTok YouTube LINE Pinterest

01 ターゲットへの近さで訴求する Twitter

高い拡散性を活かした、リツイート・キャンペーンなどが行われることの多い Twitter。Twitter アナリティクス利用で、効果的なマーケティング施策へも活用できます。

2020 年の公式発表では、国内の月間アクティブユーザーアカウント数が 4,500 万の **Twitter**。特徴は 140 字以内の短文を、実名を出さずにツイートでき、非常に拡散性が高いという点が挙げられます。速報性も高く、リアルタイムで最新情報を入手することができるため、コロナ禍でほかの SNS と比べて利用率が伸びました。一方、ネガティブな方向に突き進むと炎上が発生するリスクが高まるという特徴も持ち、アカウント運用には注意が必要です。

キーワード検索が日常的に行われ、**リツイート**やハッシュタグなどによる拡散性に優れているため、

Twitter の特徴

20 代の若年層が多い
国内のユーザー数は約 4500 万人。特に 20 代の若者の利用者が多く、複数のアカウントを持つ人も。

リアルタイム性が高い
「今」を知るのに一番利便性が高い Twitter。ほんの数秒前の投稿を簡単に調べられる検索機能が特徴。

拡散性が高い
最大で 140 文字の投稿は要点を理解しやすく、リツイートや「いいね！」でフォロワー以外にも拡散されやすい。

炎上しやすい匿名性
匿名であるため、躊躇（ちゅうちょ）なく思いや意見が表現される。企業がブランディングを構築しにくい要因にも。

新商品などの宣伝・キャンペーンを目的に多くの企業が利用しています。Twitter から LINE や Instagram など、ほかの SNS への広がりはもちろん、話題になった商品がマスメディアに取り上げられるなど、広範囲への PR を狙うこともできます。ユーザーは 20 代が多く、平均年齢は 35 歳という点から、適した商材はファストフードやコンビニで購入できる商品。よく話題になるサブカルチャー系のアニメ、ゲーム、マンガ関連のものも向いているでしょう。

Twitter アナリティクスで入手できるツイートの閲覧回数などの情報から、内容の方向性を検討することで、より効果的な施策へつなげられます。また、ユーザーのツイートを検索して問題があれば、企業から働きかけるなどのアクティブサポートにも利用しやすい SNS です。

Twitter の活用術

口コミの起点に便利

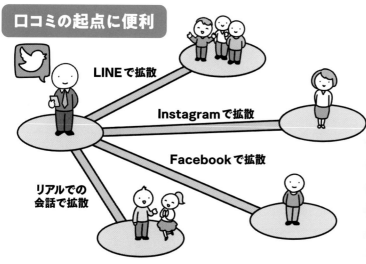

LINE で拡散

Instagram で拡散

Facebook で拡散

リアルでの
会話で拡散

PR を波及させやすい
Twitter からメディアに拡散される場合は多い。検証性が高く、ユーザーに興味を持ってもらいやすいため、話題作りに向いている。

アクティブサポートができる

お答え
します

使い方が
わからない

お困りのこと
ありますか？

A社の商品の
使い方がわからない

ユーザーサポートに
優れている
商品に対する素直な反応を聞けるほか、公式サイトのフォームやメールに比べて、より身近な立場からユーザーへのサポートが可能。

Twitter **Instagram** Facebook TikTok YouTube LINE Pinterest

ビジュアルを最大限活かす Instagram

画像や動画を楽しむ SNS という特徴を持つ Instagram は、ビジュアルを重要視する業界での利用が多く見られます。ブランディングへの活用も多くの企業で行われています。

国内の月間アクティブアカウント数は 3,300 万と、近年ユーザー数の増加が顕著な **Instagram**。画像や動画など視覚的に楽しむ投稿が話題となり、「**インスタ映え**」が流行語ともなりました。フォトジェニックなビジュアルに加え、ユーザーが増えるに従って実用的な情報も増え、特に日本ではストーリーズが盛んという特徴があります。20 〜 40 代の女性のユーザーが多いため、女性向けの商品・サービスの場合、Instagram マーケティングは特に外せないものです。そして、ファッションや料理、旅行などに興味がある層が多いことも挙げられます。

Instagram の特徴

20 代女性から人気
国内ユーザー数 3300 万人を突破。20 代女性の利用が最も多いが、最近では 30 〜 40 代のユーザーも増加中。

ビジュアルメディア
写真や動画がメインとなるため、ブランディングや視覚的に訴えかけたい商品の PR に向いている。

#肉女子
#おうちご飯
#時短レシピ

ハッシュタグで拡散
ハッシュタグで人気のある項目や旬の話題が拡散される。ハッシュタグ自体のフォローも可能。

画像検索の場に
人気投稿や最新投稿が検索でき、一覧表示されるのが特徴。上位に入れば、さらに閲覧数も上がる。

Instagramマーケティングに適した商材としては、若年層女性向けのファッションアイテム、グルメ、美容用品など。この層では特にビジュアル重視の傾向があるため、見栄えがよく質の高い画像・動画を投稿することが効果的なマーケティングとなります。質の高い投稿を継続することによって、ユーザーを自社のファン化することも可能です。

また、ユーザーが関心のあるコンテンツを見つけるためハッシュタグ検索が行われますが、日本の検索数はグローバル平均値の約3倍あり、ハッシュタグ活用はInstagramマーケティングで必須事項と言えるでしょう。ターゲット層が検索しそうなハッシュタグを複数使うことで、ユーザーとの接点を増やすことができます。

Instagram の活用術

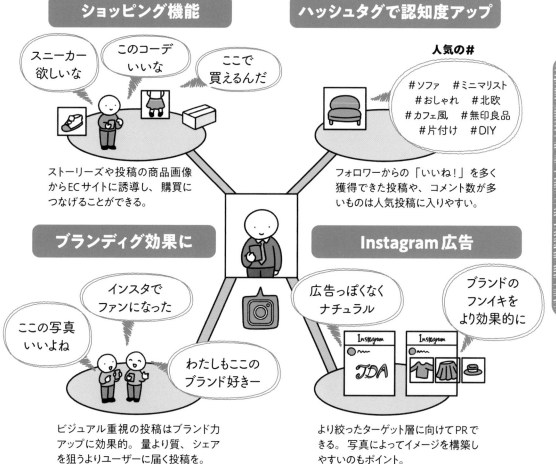

ショッピング機能

スニーカー欲しいな
このコーデいいな
ここで買えるんだ

ストーリーズや投稿の商品画像からECサイトに誘導し、購買につなげることができる。

ハッシュタグで認知度アップ

人気の#

#ソファ　#ミニマリスト
#おしゃれ　#北欧
#カフェ風　#無印良品
#片付け　#DIY

フォロワーからの「いいね!」を多く獲得できた投稿や、コメント数が多いものは人気投稿に入りやすい。

ブランディグ効果に

インスタでファンになった
ここの写真いいよね
わたしもここのブランド好きー

ビジュアル重視の投稿はブランド力アップに効果的。量より質、シェアを狙うよりユーザーに届く投稿を。

Instagram 広告

広告っぽくなくナチュラル
ブランドのフンイキをより効果的に

より絞ったターゲット層に向けてPRできる。写真によってイメージを構築しやすいのもポイント。

Twitter　Instagram　**Facebook**　TikTok　YouTube　LINE　Pinterest

03 高度な信頼性で質の高い情報を提供する Facebook

Facebook はユーザー数が世界最大の SNS。国内の月間アクティブユーザー数は、2,600 万人。原則として実名で登録し、実生活と地続きの関係が築かれています。

Facebook はユーザー数が世界最大の SNS。国内の月間アクティブユーザー数は、2,600 万人。外国で圧倒的なシェアを誇るので、海外展開をしている企業やインバウンドに力を入れる企業は必須の SNS です。原則的に実名で登録し、リアルでも交友関係にある現実に近い人間関係が築かれるため、信頼性が高いプラットフォームです。Twitter などに比べ拡散性は高くありませんが、攻撃的なコメントが投稿されにくく炎上しにくいことから、企業のブランディングに活用されることも多いです。特徴として投稿の自由度が高く、文字数も多く画像や動画をアップする

Facebook の特徴

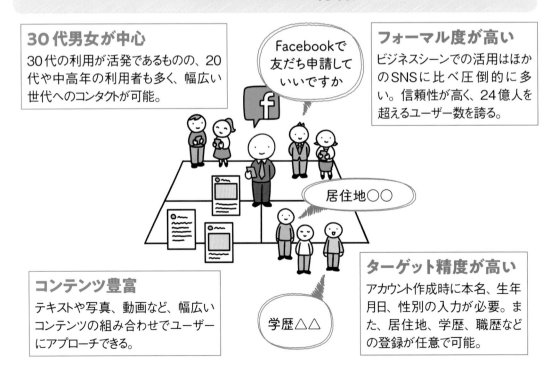

30 代男女が中心
30 代の利用が活発であるものの、20 代や中高年の利用者も多く、幅広い世代へのコンタクトが可能。

Facebookで友だち申請していいですか

フォーマル度が高い
ビジネスシーンでの活用はほかの SNS に比べ圧倒的に多い。信頼性が高く、24 億人を超えるユーザー数を誇る。

居住地○○

コンテンツ豊富
テキストや写真、動画など、幅広いコンテンツの組み合わせでユーザーにアプローチできる。

学歴△△

ターゲット精度が高い
アカウント作成時に本名、生年月日、性別の入力が必要。また、居住地、学歴、職歴などの登録が任意で可能。

ともできるので、コンセプトなどブランディングに欠かせないイメージ戦略をじっくり行う場としても機能します。また、**メッセンジャー**によるメッセージ機能や投稿へのコメント機能が充実しているのでコミュニケーションをとりやすく、ファンの育成の場としても適しているでしょう。Facebookはビジネスパーソンの利用が多く、同僚や上司、取引先とつながるSNSとしても使われています。20～30代が中心ですが、ほかのSNSと違って40代以上のユーザーの利用者が多いため、高年齢層をターゲットにした質のよい高額商品・サービスなどが商材として適していると言えます。さらに、レジャー施設やスポーツ関連用品といった、コアなファンが存在する商品・業界なども比較的親和性が高いと考えられています。

Facebookの活用術

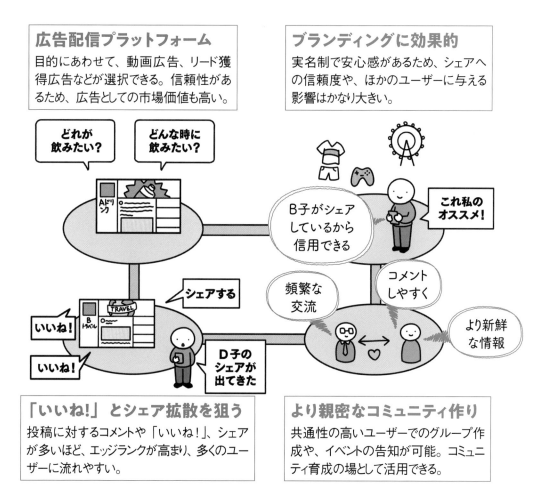

広告配信プラットフォーム
目的にあわせて、動画広告、リード獲得広告などが選択できる。信頼性があるため、広告としての市場価値も高い。

ブランディングに効果的
実名制で安心感があるため、シェアへの信頼度や、ほかのユーザーに与える影響はかなり大きい。

どれが飲みたい？
どんな時に飲みたい？

Aドリンク

B子がシェアしているから信用できる

これ私のオススメ！

シェアする

頻繁な交流

コメントしやすく

いいね！

Bドリンク
TRAVEL

より新鮮な情報

いいね！

D子のシェアが出てきた

「いいね！」とシェア拡散を狙う
投稿に対するコメントや「いいね！」、シェアが多いほど、エッジランクが高まり、多くのユーザーに流れやすい。

より親密なコミュニティ作り
共通性の高いユーザーでのグループ作成や、イベントの告知が可能。コミュニティ育成の場として活用できる。

Twitter　Instagram　Facebook　**TikTok**　YouTube　LINE　Pinterest

短時間 CM のような TikTok

原則 15 秒の短い動画を投稿して共有する、中国発の SNS である TikTok。手軽さを武器に若者を中心に人気を博し、マーケティング手段としても一目置かれています。

動画は撮影や編集作業などが必要でハードルが高いものでしたが、スマートフォン上ですぐに動画を作成できる **TikTok** の台頭で、誰でも簡単に投稿できるものに変わりました。これに飛びついたのが 10 代の若年層で、彼らは投稿・共有することで高い拡散力を発揮し、気に入ったユーザーには高いエンゲージメントを示します。圧倒的に多い若年層をターゲットにしたプロモーションで、TikTok の魅力が最大限に発揮されます。**ショート・ビデオ**のジャンルは問いませんが、作り込んだものよりライブ感・親近感を念頭に置いて作成していくといいでしょう。「刺

TikTok の特徴

10 代女性に支持
2019 年、世界の利用者数が Twitter を超えた TikTok。日本では 10 代女子に人気で、女子中学生は約半数が利用している。

ジャンルは多様化
メイクや料理など、女性に人気のハウツー系から、ゲーム、スポーツなど、ジャンルは多岐にわたる。

拡散性が高い
知名度が低くても、「いいね！」が多ければユーザーにレコメンドされ、一般ユーザーの露出の機会が多いのが特徴。

AI の働きかけ
独自に開発したアルゴリズムで、ユーザーの好みにピンポイントで対応。レコメンドでの引き込む力が強い。

さる」動画になれば、低コストで認知・集客などの面で効果も期待できます。

ショート・ビデオという特性から、言葉の壁を越えて海外での拡散を狙う場合にも活用できます。特にアジアの国々でTikTokは多くのユーザーを獲得しており、海外向けのマーケティングへの挑戦も低コストで手軽に行うことが可能です。

TikTokの操作方法はシンプルで、見たいものだけを見ることができ、好みの動画をAIがレコメンドするため、ユーザーはつい長く見続ける仕掛けに。動画上にある共有ボタンでは、ほかのSNSとシェアができフォロワーを増やすことにつながります。また、ハッシュタグ検索が盛んなTikTokでは、ハッシュタグに入れる言葉をトレンドワードにするなど工夫が必要です。

TikTokはフォロワー以外へもPRできる

なぜTikTokはフォロワーが増えやすい?

Facebook   Twitter   Instagram

SNSの多くは、フォロワー数が多いユーザーの投稿ほど拡散されやすい傾向にある。

TikTok

独自のアルゴリズムにより、フォロワー数が少なくても、「いいね!」が多ければ拡散されやすい。

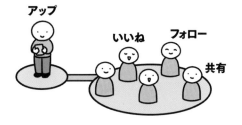

スマホひとつで作成できる手軽さ

①リサーチ
オススメ、#からいいねの人気動向や流行りを知る。

②作成
スマホだけで、手軽に撮影・投稿が可能。

③他SNSと連携
TikTokがきっかけとなって、ほかのSNSで拡散されることも。

④広告利用
企業のタイアップ企画にユーザーを取り込む#チャレンジなど。

Twitter　Instagram　Facebook　TikTok　**YouTube**　LINE　Pinterest

05 世界的なシェアを誇る YouTube

YouTube は、公式情報によれば世界中に 20 億人のユーザーを持つ巨大な動画配信プラットフォーム。SNS マーケティングにおいて、どのように活用されているのでしょうか。

YouTube は世界では Facebook に次ぐユーザー数を誇り、1 日あたりの視聴時間は世界の合計で 10 億時間・視聴回数は数十億以上で、現在も拡大中と言われています。5G 時代ではますます重要になる動画による SNS マーケティングは、ほかの SNS による戦略同様、目的に沿った施策が効果的。たとえば、自社ファンを増やすことが目的の場合、ユーザーの話題になるような動画を多数投稿し、コメント欄などでファンと交流するなどして関係構築に活用するのもいいでしょう。テレビ CM でフォローが難しい若年層へのアプローチが目的なら、自社チャンネルに

YouTube の特徴

20 代をメインに幅広く
40〜50 代の利用も活発だが、20〜30 代も含めて、幅広い年齢層に支持されている。

多様なチャンネル
エンターテイメント性の高いものから、専門性の高いもの、ドキュメンタリーなど、コンテンツは実に幅広い。

通勤中の利用者急増
通勤中に視聴する若者・中高年世代が増加傾向にある。朝夕の通勤時間帯に合わせた広告を。

PC よりスマホ
大画面よりスマホの小さい画面での視聴機会が多い。スマホに適したサイズや見せ方を考慮したい。

CMをアップする、メイキング・デモ画面や密着取材風の映像を投稿するなどの手法を取り入れることもできます。ほかにも、採用のマッチングのために会社紹介の動画をアップする、各種セミナー・講座などを投稿する、顧客へのインタビューを載せるなど、さまざまな手段が考えられます。自社のマーケティングの目的にマッチした、的確な施策を選択して行うことが重要。

公式チャンネルを持つ企業は多く、ゲーム、アニメ関連などエンターテイメント系が動画との親和性も高く、活発に投稿が行われています。専門性の高い業界の場合は、動画のクオリティーを上げることも大切ですが、普段は見られない現場や開発プロセスを公開するなど、内容がユーザーの興味を喚起するかどうかを重視していきましょう。

YouTube の活用術

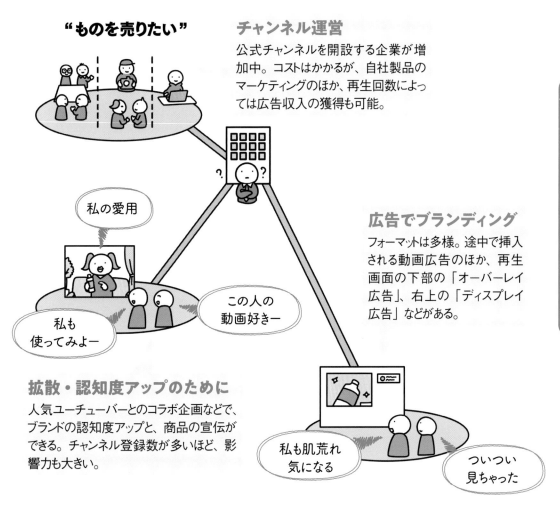

"ものを売りたい"

チャンネル運営
公式チャンネルを開設する企業が増加中。コストはかかるが、自社製品のマーケティングのほか、再生回数によっては広告収入の獲得も可能。

私の愛用

私も使ってみよー

この人の動画好きー

広告でブランディング
フォーマットは多様。途中で挿入される動画広告のほか、再生画面の下部の「オーバーレイ広告」、右上の「ディスプレイ広告」などがある。

拡散・認知度アップのために
人気ユーチューバーとのコラボ企画などで、ブランドの認知度アップと、商品の宣伝ができる。チャンネル登録数が多いほど、影響力も大きい。

私も肌荒れ気になる

ついつい見ちゃった

Twitter　Instagram　Facebook　TikTok　YouTube　**LINE**　Pinterest

06 国内ユーザー数 No.1 の現代版メルマガ LINE

ユーザーの年齢層は 10 〜 50 代以上と幅広く、無料通話やグループでのコミュニケーションに使われている LINE。まずは友だち獲得に向けて注力していきます。

SNS の中でも **LINE** は国内のユーザー数が多いうえに、85％というアクティブユーザー率の高さが際立ちます。従来は、**リストマーケティング**の打ち手はメルマガが主流でしたが、最近では LINE 公式アカウントでメッセージを送信する企業が増加しています。LINE 公式アカウントで送るメッセージならプッシュ通知されるので、メルマガの「届かない・読まれない」問題もほとんどなく、「友だち」のユーザーに直接、情報や告知を届けることが可能です。

LINE マーケティングを行う際、最初の課題となるのは友だちの数ですから、公式アカウント

LINE の特徴

国内最大級のメッセージアプリ

国内ユーザー数は 8600 万人（2020 年 10 月時点）で、子どもからお年寄りまで、幅広い世代に利用される。

企業スタンプで PR

企業のイメージに合致するスタンプを作成。友だち追加を条件に無料で配布する企業が多い。

トークとタイムライン機能の2つ

個別の顧客との関係を構築できるトークと、マスに向けた情報の発信が可能なタイムラインの2種が代表的。

アクティブユーザーが多い

毎日利用しているアクティブユーザーの割合が 85％と、ほかの SNS に比べ圧倒的に利用頻度が高い。

の友だち獲得に注力した施策をしていきます。友だち追加のためには、店舗でのアナウンスや POP、ポスター、レシートなどによる告知、自社のサイトに **QR コード・友だち追加ボタン**の設置 のほか、友だち追加を条件にしたキャンペーンを企画することも効果的です。

友だちが多くなるほどプロモーションの成果率は通常上昇しますが、キャンペーンなどで急増 した場合は、用が済むとブロックされるケースも多くなる傾向があります。対策として公式アカ ウントによるメッセージでは、自社から届けたい情報より、ユーザーが読みたい内容、欲しい情 報への誘導など、知りたいことを伝えるように心がけておくこと。ブロックされないようなコミュ ニケーションを図ることが重要です。

LINE 公式アカウント

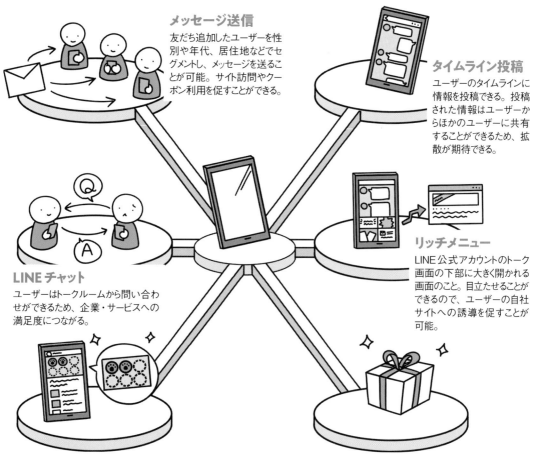

メッセージ送信
友だち追加したユーザーを性 別や年代、居住地などでセグ メントし、メッセージを送るこ とが可能。サイト訪問やクー ポン利用を促すことができる。

タイムライン投稿
ユーザーのタイムラインに 情報を投稿できる。投稿 された情報はユーザーか らほかのユーザーに共有 することができるため、拡 散が期待できる。

LINE チャット
ユーザーはトークルームから問い合わ せができるため、企業・サービスへの 満足度につながる。

リッチメニュー
LINE 公式アカウントのトーク 画面の下部に大きく開かれる 画面のこと。目立たせることが できるので、ユーザーの自社 サイトへの誘導を促すことが 可能。

ショップカード
LINE 上でポイントカードを作成・発行することができる。 忘れたりなくしたりすることがないので、リピートにつながる。

クーポン・抽選機能
店舗で使用可能なクーポンや、景品があたる抽選機能を使うこ とができる。来店促進や、クーポン使用度の確認によって効 果測定などもできる。

Twitter Instagram Facebook TikTok YouTube LINE **Pinterest**

デザイン意識の高い層に
リーチする Pinterest

Pinterest は、気に入った画像や動画を保存し、自分の好きなものをコレクションする SNS。画像検索の場として機能している面を、マーケティングへ取り込んでいく戦略を。

Pinterest では、興味・関心のある画像をボードに保存し、カテゴリーごとにネーミングし、自分のカタログを作成して共有する、という使い方が一般的。同様に画像中心の Instagram と違う点は、外部サイトへの誘導がストーリーズ以外ではできない Instagram に比べ、Pinterest の画像は大部分が Web 上のもので外部サイトへの誘導がしやすいという利点を持ちます。また、Instagram のユーザーは承認欲求が強いと言われますが、Pinterest はユーザー間のつながりは希薄で自分のこだわりを追求する場。コレクションした画像から購買意欲を刺激され購入へと、

Pinterest の特徴

流行に敏感な人へ
日本ではまだ知名度は低いものの、クリエイターや流行に敏感な女性の中で徐々に浸透している。

女性にリーチするジャンルに強い
旅行・インテリア・料理・子育て・ファッションなど、最新の情報を取り入れたい女性の需要に応える。

コンテンツ長寿型
画像検索の場として使用される機会が多く、ストック形式でコンテンツが持続しやすいのが特徴。

Web サイトへ誘導可
アプリ内に留まらず、Web 上の画像もアップされるため、ユーザーを外部サイトへ誘導しやすい。

アクションを起こすことも多分にあります。さらに、Pinterestには、ピンした画像と似ているピンや、オススメの画像などが表示されることでリピンされ、画像が拡散されやすい機能があります。

拡散されるためには、画像へのリーチを増やす施策を行いましょう。適切なテキストを付け、キーワード検索での引っかかりを強化します。ユーザーへこちらの存在に気付かせるには、フォロー・**リピン**（ほかのユーザーが投稿した画像を自分の画面に張り付けること）を行うと相手に通知が届くという機能を利用できます。ほかのユーザーを参加させる「**グループボード**」を活用することで、ユーザーのロイヤリティを高めることも可能です。また、男性も増加中ですがユーザーの多くが女性というデータがあることから、商材として向いているのは、女性向けのファッション・美容・旅行・グルメなどになります。

Pinterest の活用法

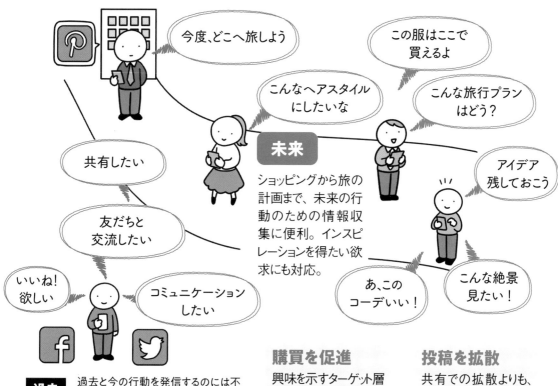

購買を促進
興味を示すターゲット層をECサイトに取り込めるよう、積極的にフォローやリピンを。

投稿を拡散
共有での拡散よりも、レコメンドへの頻出を目指し、ターゲット層への露出を高めたい。

207

Twitter | Instagram | Facebook | TikTok | YouTube | LINE | Pinterest

08 SNS を分析する

SNS を運用しているだけでは、マーケティングとしては不十分です。解析ツールによる測定データを分析することで、効率的で的確な運用を続けていくことができます。

分析によって、ユーザーのリアルで即時性のある反応を客観的なデータに変換でき、自社のターゲットと実際のユーザーが乖離していないかなど、問題点と原因、改善点といったものが見える化できます。それを土台にユーザー理解が深まり、SNS の運用を最適化できれば、より有効性の高い戦略へと練り上げていくことが可能です。Facebook の分析では、**Facebook インサイト**を使用。リーチ数、エンゲージメント、「いいね！」の推移、ユーザーの属性などが確認できるほか、競合他社のアカウント状況の把握、ユーザーの利用時間の動向なども把握できます。

なぜ分析が必要なの？

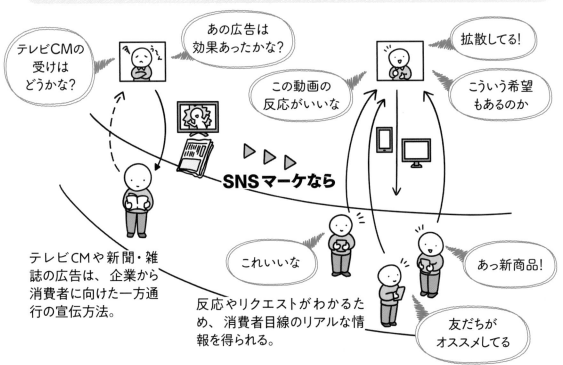

Twitter アナリティクスのホーム画面では、過去 28 日でのパフォーマンスの変動が確認でき、自社アカウントの直近の概要が示されます。ツイートの獲得インプレッション、ツイート数の推移、フォロワー数の推移なども確認でき、人気を集めたツイート、反応のよくなかったものを知ることで原因などを分析できます。Instagram インサイトは、個人アカウントからプロアカウントに切り替えることで使用可能に。インプレッション数、コメント数、「いいね！」数、リーチ数やハッシュタグからの流入数などのデータがわかります。

このような各 SNS で実装された解析ツールを使い、あらかじめ設定した KPI（P68 参照）を分析・判断することによって、ビジネスを成功に導く施策を講じていきましょう。

SNS分析のポイント

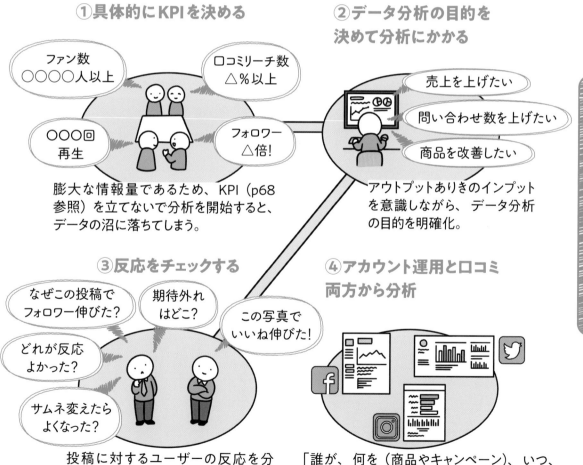

①具体的にKPIを決める

ファン数
〇〇〇〇人以上

口コミリーチ数
△％以上

〇〇〇回
再生

フォロワー
△倍！

膨大な情報量であるため、KPI（p68
参照）を立てないで分析を開始すると、
データの沼に落ちてしまう。

②データ分析の目的を決めて分析にかかる

売上を上げたい

問い合わせ数を上げたい

商品を改善したい

アウトプットありきのインプット
を意識しながら、データ分析
の目的を明確化。

③反応をチェックする

なぜこの投稿で
フォロワー伸びた？

期待外れ
はどこ？

この写真で
いいね伸びた！

どれが反応
よかった？

サムネ変えたら
よくなった？

投稿に対するユーザーの反応を分
析、他社のSNSチェックも忘れずに。

④アカウント運用と口コミ両方から分析

「誰が、何を（商品やキャンペーン）、いつ、
どのように」を調べると多角的に分析できる。

09

Twitter | Instagram | Facebook | TikTok | YouTube | LINE | Pinterest

SNS 広告を使う

各 SNS は各々広告配信サービスを持ち、多くの企業で認知拡大・集客のために利用されています。SNS 広告を行うことで得られるメリットや注意点などを見ていきます。

Twitter や Instagram、Facebook、YouTube、LINE などの **SNS プラットフォーム**には、**広告配信サービス**があり、テキストとバナー、動画、カルーセルなど、さまざまな形態や手法を使って自社の商品・サービスを訴求できます。Twitter のトレンド欄や Instagram のストーリーズなど広告の配信面もさまざまで、適切な場所を選ぶことも可能。タイムライン上に掲載するなど通常の投稿と並列に表示され、ユーザーに違和感なく受け入れられやすくなっています。

SNS 広告の利点は、プラットフォームに蓄積された膨大なユーザーデータをもとに、年齢や性

SNS広告のメリット

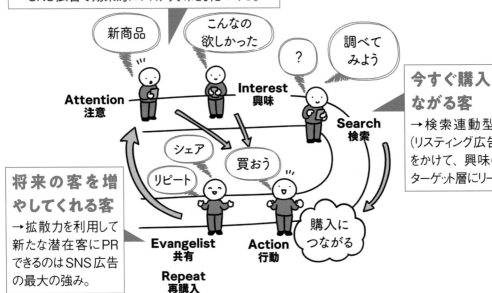

そのうち客になるかもしれない客
→SNS広告で効果的にPR、興味を引きつける。

新商品

こんなの欲しかった

？

調べてみよう

Attention
注意

Interest
興味

Search
検索

シェア

買おう

リピート

今すぐ購入につながる客
→検索連動型広告（リスティング広告など）をかけて、興味のあるターゲット層にリーチ。

将来の客を増やしてくれる客
→拡散力を利用して新たな潜在客にPRできるのはSNS広告の最大の強み。

Evangelist
共有

Action
行動

購入につながる

Repeat
再購入

別から仕事や趣味など詳細なターゲティングを行えること。このメリットを最大限に活用するため、自社の広告出稿の目的をまず決め、次にターゲット像、予算、出稿場所などを明確にする必要があります。具体的には、SNS から外部の自社サイトへの来訪の増加、CVR の獲得、アプリのインストール数向上、フォロワー数の増加、イベント告知で参加者数の増加、動画再生数の増加などを目的として設定できます。

注意点は、配信期間の設定を間違える、画像とテキストの組み合わせを間違えるなどの単純ミスに加え、Chapter 7 で取り上げた炎上を起こさないことも重要です。また、目先の「いいね！」やリツイート数を狙うのではなく、上記のような目的に沿った広告出稿を行いましょう。

４大SNS広告の特徴

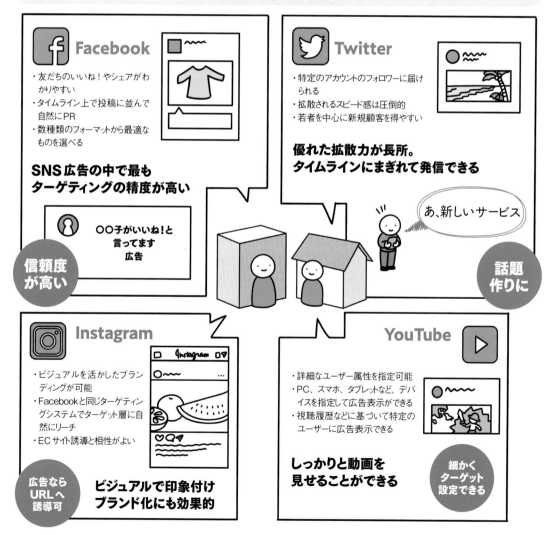

Facebook
・友だちのいいね！やシェアがわかりやすい
・タイムライン上で投稿に並んで自然にPR
・数種類のフォーマットから最適なものを選べる

**SNS広告の中で最も
ターゲティングの精度が高い**

〇〇子がいいね！と言ってます 広告

**信頼度
が高い**

Twitter
・特定のアカウントのフォロワーに届けられる
・拡散されるスピード感は圧倒的
・若者を中心に新規顧客を得やすい

**優れた拡散力が長所。
タイムラインにまぎれて発信できる**

あ、新しいサービス

**話題
作りに**

Instagram
・ビジュアルを活かしたブランディングが可能
・Facebookと同じターゲティングシステムでターゲット層に自然にリーチ
・ECサイト誘導と相性がよい

**広告なら
URLへ
誘導可**

**ビジュアルで印象付け
ブランド化にも効果的**

YouTube
・詳細なユーザー属性を指定可能
・PC、スマホ、タブレットなど、デバイスを指定して広告表示ができる
・視聴履歴などに基づいて特定のユーザーに広告表示できる

**しっかりと動画を
見せることができる**

**細かく
ターゲット
設定できる**

覚えておきたい

SNS マーケティング 用語集 その⑧

☑ KEY WORD

ストーリーズ　　　　　　　　　　　　　　P196

Instagram の 24 時間限定の投稿機能。24 時間で消えることから限定感を演出でき（プロフィール画面上に保存も可能）、アンケート・ライブ配信機能も備えている。フォロワーとのコミュニケーション、ファンに向けた特別な告知の場などとして活用されている。

☑ KEY WORD

メッセンジャー　　　　　　　　　　　　　P199

LINE 同様、無料でメッセージや通話、グループチャットなどを行うことができるアプリ。世界中のユーザーは 13 億人以上、Facebook に登録していなくても利用できる。メッセンジャーなら直接ユーザーとやりとりできることから、顧客ロイヤリティー醸成に有効なツールである。

ショート・ビデオ P200

ショート・ビデオといえば TikTok が代表格で、原則 15 秒という短い動画の投稿 SNS。最長 10 秒の MixChannel などもある。Instagram 内のストーリーズなど、ほかの SNS でもショート・ビデオの投稿数は多く、注目を集めやすいことから、フォロワー獲得の施策として使われる。

共有ボタン P201

SNS だけでなく、ネットニュースのコンテンツなど Web 上で目にすることが多い、Twitter や Facebook、LINE などとの共有ボタン。このボタンを押すと投稿やコンテンツを SNS 上で共有できるので、趣味嗜好が近いユーザー同士のコミュニティにリーチするための打ち手となる。

公式チャンネル P203

YouTube 内の自社サイト。ユーザーとのコミュニケーションを図るなど関係性を築くことで、自社のファンを増やせる。企業・経営者への理解を深めてミスマッチをなくすなど、採用ツールとしても有効。ほかにも、自社チャンネルの使い方・工夫次第でマーケティングへ展開できる。

Twitter アナリティクス P209

Twitter に備わった無料の分析機能。アカウントを持つユーザーなら誰でも利用できる。ツイートアクティビティの管理画面で反応のよかった投稿を分析し、共通点などの傾向を把握したり、ユーザーの傾向などを数値で見られるため新たな発見ができたりなど、運用の改善にも役立つ。

リストマーケティング P204

自社の顧客リスト（個人情報）を活用したマーケティング手法。顧客や見込み客をリスト化することで、集客・売上などの向上が期待できる。顧客情報としてメールアドレス、LINE の ID が重要項目となり、最近はメルマガより LINE での利用に注目が集まっている。

プッシュ通知 P204

スマートフォンのロック画面で、メッセージを表示させる機能。プッシュ通知をタップすることでアプリが起動するので、ユーザーを誘導しやすくなる。さらに効果を上げるため、配信先のターゲティングや、利用率の高い時に配信する時間指定などを行うことも可能。

グループボード P207

Pinterest で画像や動画の保存場所である「ボード」に、ほかのユーザー（ピナー）を招待し共同作業できるようにしたもの。旅行会社による旅行先の画像投稿ボードや、インテリア会社のユーザーが投稿した部屋の写真がズラリと並ぶボードなど、コミュニティ作りに最適。

Facebook インサイト P208

Facebook ページの分析機能。「インサイト」をクリックすると表示され、さまざまなデータを確認することができる。たとえば「投稿」では、ユーザーがオンラインの時間帯や、投稿タイプ、競合ページの人気投稿をグラフ、一覧表などで精査することができる。

パフォーマンス アップツール紹介

各種 SNS の運用を便利にする、サブツールを紹介します。
組み合わせて使うことで、より自分にとっての効率化を目指してください。

アカウント管理

Hootsuite （フートスイート）

複数の SNS を同一のダッシュボードで操作できるので、作業の優先順位を決めて効率よく取り組める。Twitter、Facebook、Instagram、YouTube、Pinterest など 35 種以上に対応でき、スマホでの管理も可能。

https://hootsuite.com/ja/

アカウント管理

SocialDog （ソーシャルドッグ）

Twitter の運用から分析、アカウント管理までをサポート。個人向けの無料・有料プラン、企業向けの有料プランが揃う。予約投稿などの自動化、フォローバック率やフォロー分析、複数のアカウント管理・チーム管理も可能。

https://social-dog.net

アカウント管理

Sprinklr （スプリンクラー）

複数の SNS を一体化し管理するため、効率的な運用が期待できる。ひとつのプラットフォームで、ソーシャルリスニングからマーケティング、リサーチ、カスタマーケアまでトータルに管理でき、成果につながる戦略立案に貢献する。

https://www.sprinklr.com/ja/

215

✎ Social Mention （ソーシャル・メンション）

100以上のSNSなどに対応した無料モニタリングツール。検索窓に、競合他社名やブランド名などのワードを入れると、分析結果を表示。トップキーワード、トップユーザー、トップハッシュタグ、投稿元なども確認できる。

http://socialmention.com

✎ BuzzFinder （バズファインダー）

炎上対策向けのモニタリングツール。SNSなどのソーシャルメディアを分析し、リスクや異変を検知してメールによるアラート通知を実行。前日のツイート量・話題をまとめたメールが届き、タイムリーな状況把握に役立つ。

https://www.nttcoms.com/service/scrm/buzzfinder/

✎ Canva （キャンバ）

場面や目的に合わせた文書やデザインを、ドラッグ＆ドロップで簡単に作成できるデザイン作成ツール。65000を超えるテンプレートから自由に作成可能。100万点以上の写真素材、イラスト、アイコンやフォントも無料で使うことができる。

https://www.canva.com/ja_jp/

✎ BuzzSpreader Powered by
（バズスプレッダー　パワードバイ）クチコミ＠係長

キーワードを入力すると、Twitter、ブログ、2ちゃんねるなどさまざまなページより収集・蓄積したデータから口コミ分析を行う。口コミ数の推移、一緒に使われる言葉の一覧、属性分析などのほか、成分マップでは関連語をわかりやすく可視化。

https://service.hottolink.co.jp

▨ Keywordmap for SNS（キーワードマップ・フォー・エスエヌエス）

Twitter に特化した運用分析ツール。自然言語処理の高い精度によってノイズとなるキーワードを除去するので、より的確な UGC 計測を行う。アカウント分析や、ツイートの AI による感情分析・判定、新語抽出などの機能を持つ。

https://keywordmap.jp/sns/

▨ Boom Research（ブーム・リサーチ）

分析メニューは 80 種類以上あり、キャンペーンの効果測定、市場調査など、さまざまな施策に活用できる。Twitter、2ちゃんねる、ブログ、ニュースなどに対応した、国内最大級規模のソーシャルリスニングツール。

https://boomresearch.tribalmedia.co.jp

▨ Reposta（レポスタ）

Instagram などの詳細な運用レポートを出力できる分析ツール。無料から利用でき、インサイトより詳細なデータが取得可能で、アカウントの運用改善に役立つ機能が多い。適切なハッシュタグがわかる機能も搭載。

https://reposta.jp

▨ Social Insight（ソーシャルインサイト）

さまざまな SNS 上での口コミの調査、自社と競合アカウントの比較、複数の SNS アカウントの一括管理などができる。Twitter、Instagram、Facebook、TikTok、YouTube、LINE、Pinterest、mixi など、幅広い SNS に対応する。

https://sns.userlocal.jp/

Insight Intelligence Q（インサイト・インテリジェンス・キュー）

分析機能にマーケッターならではの視点を反映したツール。話題分析、拡散プロセス分析、自社や競合アカウントの投稿傾向、エンゲージメントの傾向など、多角的な分析を行う。初期費用は0円、データ量に関係なく定額制。

https://www.datasection.co.jp/service/insight-intelligence

ATELU（アテル）

Twitter、Instagram におけるキャンペーン実施に関して、必要な作業を効率化するクラウドツール。応募者の収集、当選者の選定や通知、キャンペーンの簡易レポート作成など、アカウントでのキャンペーン実施をサポートしてくれる。

https://products.comnico.jp/atelu/jp

Google スプレッドシート

SNS で定期的な投稿を続けるため、投稿スケジュール管理に活用できるツール。Excel に似た仕様のため、導入のハードルが低い。日時、投稿内容、目的やターゲットなどを月ごとに1シートにまとめ一覧表にして使用。

https://www.google.com/intl/ja_jp/sheets/about/

Trello（トレロ）

視覚的に投稿を管理して、チームで共有できるツール。Board（ボード）という場所に、貼り付けができる付箋のような Card（カード）のタスクを追加して、それを List（リスト）に移して整理していくことで、タスクのステータス管理をまとめて行うことができる。

https://trello.com/ja

掲載用語索引

た

な

は

◉主要参考文献

『1億人の SNS マーケティング　バズを生み出す最強メソッド』
敷田憲司、室谷良平（著）／エムディエヌコーポレーション

『コストゼロでも効果が出る！　LINE 公式アカウント集客・販促ガイド』
松浦法子（監修）／翔泳社

『大学 4 年間のマーケティング見るだけノート』
平野淳士カール（監修）／宝島社

『デジタル時代の基礎知識　「SNS マーケティング」第 2 版』
林雅之、本門功一郎（著）／翔泳社

『デジタルマーケティング見るだけノート』
山浦直宏（監修）／宝島社

『Facebook を「最強の営業ツール」に変える本』
坂本翔（著）／技術評論社

『Instagram でビジネスを変える最強の思考法』
坂本翔（著）／技術評論社

『SNS マーケティングのやさしい教科書。』
株式会社グローバルリンクジャパン、清水将之（著）／エムディエヌコーポレーション

『TikTok・MixChannel・Facebook Watch 集客・販促ガイド』
武井一巳（著）／翔泳社

◉STAFF

編集	坂尾昌昭、中尾祐子、土屋萌美（G.B.）
編集協力	楠りえ子
執筆協力	龍田昇、玉木成子
本文イラスト	うてのての、小野崎理香、又吉麻里
カバーイラスト	フクイサチヨ
カバーデザイン	別府拓（Q.design）
本文デザイン	別府拓、深澤祐樹（Q.design）
DTP	G.B.Design House

監修
坂本 翔（さかもと・しょう）

株式会社ROC代表取締役CEO。SNSプロモーション事業を全国に展開する株式会社ROCの代表として、中小企業から上場企業までさまざまな業界のSNS施策を担当。また、SNSに詳しいITジャーナリストとして、テレビや週刊誌などメディアでも活躍。SNSマーケティングを伝えるセミナーや企業内部のSNS研修、学生向け起業講演など、年間50本以上の講演をこなす。著書に『Facebookを「最強の営業ツール」に変える本』『Instagramでビジネスを変える最強の思考法』（ともに技術評論社）がある。

「いいね」で売上をいっきに倍増させる最新活用術！
SNSマーケティング見るだけノート

2021年1月22日　第1刷発行
2023年7月24日　第4刷発行

発行人　　蓮見清一
発行所　　株式会社宝島社
　　　　　〒102-8388
　　　　　東京都千代田区一番町25番地
　　　　　編集03-3239-0646
　　　　　営業03-3234-4621
　　　　　https://tkj.jp

印刷・製本　　株式会社リーブルテック